SV

edition suhrkamp digital

Die edition suhrkamp digital präsentiert kurze, aktualitätsbezogene, thesenstarke Bände, Manifeste, Langreportagen, Dossiers und Features. Alle Titel sind auch als eBook erhältlich. Mehr zur Reihe und den einzelnen Büchern unter: www.editionsuhrkampdigital.de

Das Zerbrechen der »großen Erzählung« des Marktes – als letzter und größter der großen Erzählungen – hinterlässt einen gewaltigen Scherbenhaufen aus Anekdoten, Metaphern, Novellen, Bewegungsbildern, Serien, Shows und Riten. Diese Auflösung der großen Erzählung vom sinnvollen Markt in Entertainment, in komplexitätsreduzierte Einheiten, Verquickungen mit den »Mythen des Alltags«, »Vermenschlichungen« und Unverbindlichkeiten – in »Econotainment« also – begleitet einen viel größeren Diskurswechsel in der Gesellschaft. »Econotainment« bedeutet in unserem Zusammenhang schlicht die Vermischung von Begriffen und Narrativen der Unterhaltung mit jenen der Ökonomie.

»Der neue Kapitalismus ist kein System und kein Glaube mehr, er ist Spektakel.«

Markus Metz, geboren 1958, Studium der Publizistik, Politik und Theaterwissenschaft an der FU; freier Journalist und Autor, lebt in München. Georg Seeßlen, geboren 1948, Studium der Malerei an der Kunsthochschule München; freier Autor und Journalist, lebt in Kaufbeuren. Seeßlen betreibt den Blog »Das Schönste an Deutschland ist die Autobahn« (www.seeßlen-blog.de). Im Suhrkamp Verlag erschien zuletzt ihr gemeinsam verfasstes Buch *Blödmaschinen. Die Fabrikation der Stupidität* (es 2609).

Markus Metz/Georg Seeßlen

Kapitalismus als Spektakel
oder
Blödmaschinen und Econotainment

Umschlagfoto vorn: © Eugene Mopsik/Classic Stock/Corbis
Autorenfotos: privat

2. Auflage 2012

Erste Auflage 2012
edition suhrkamp digital

Originalausgabe

Umschlag gestaltet nach einem Konzept von
Willy Fleckhaus: Bureau Johannes Erler
Druck: Druckhaus Nomos, Sinzheim
Printed in Germany
ISBN 978-3-518-06256-2

Inhalt

Vorneweg

Dass an Antikapitalismus, wie Slavoj Žižek meint, derzeit kein Mangel herrscht, ist das eine. Selbst wenn die »Überflutung durch Kritik an den Schrecken des Kapitalismus« nicht in allen Sphären von Kultur und Gesellschaft gleichermaßen zu diagnostizieren ist, könnte man doch sagen, dass eine mehr oder weniger feuilletonistische Kapitalismuskritik zielsicher überall dort auf den Plan tritt, wo sie dem System garantiert nicht schadet. Das andere ist, dass diese Kritik in aller Regel zu der Forderung führt, den »wild gewordenen« Kapitalismus zu »zügeln«. Wer oder was wäre dazu in der Lage, wenn nicht der Staat? Doch dieser Staat, die liberal-demokratischen (oder doch schon postdemokratischen?) Regierungen haben sich nicht nur entschieden, in der Krise für das Finanzsystem und gegen die Menschen zu handeln, sie waren auch und gerade in ihrer mehr oder weniger »sozialdemokratischen« Form maßgeblich an der Entfesselung dieses nun »wild gewordenen« Neoliberalismus beteiligt. Und kaum anderes können wir für jene Medien konstatieren, die »eigentlich« die Aufgabe hätten, mehr als bloß die »Auswüchse« dieses Systems zu kritisieren. Weil feuilletonistischer Antikapitalismus zielgenau ins Leere führt, darf er nicht nur ein Vokabular benutzen, für das man als tätiger Antikapitalist anderenorts mit der Justiz in Konflikt geriete, sondern in hybrid-ironischer Volte auch an die lang verschmähten Klassiker des Sozialismus, zumindest mal an Marx, anknüpfen. Es kostet ja nichts.

Doch für eine Zügelung des Kapitalismus – mag er sich so destruktiv zeigen, wie er will – gibt es derzeit kein Subjekt. Die Regierungen der Postdemokratie, oligarchisierte Institutionen, beschleunigen den Finanzkapitalismus eher als ihn zu bremsen, sie arbeiten überdies fieberhaft und unbeirrbar an der Umverteilung von Reichtum und Macht von unten nach oben, in eine Sphäre der Oligopole. Jedes Gesetz, das aus einem sozialen Impetus entstanden sein mag und die Probleme der Verschuldungen lösen soll, endet todsicher mit einer Bevorzugung der »Besserverdienenden«.

Regierungen, die den »wild gewordenen« Kapitalismus bändigen sollten, benutzen weiterhin das Vokabular des Neoliberalismus und bedienen sich seiner »Experten«. Nicht das Volk, der Markt ist ihr Bezugspunkt.

Ökonomisierung und Privatisierung machen vor keiner gesellschaftlichen Instanz Halt: nicht vor den Parteien, die längst zu Klientel-abhängigen Wirtschaftsunternehmen geworden sind, zu Unternehmen, in die man Geld und Informationen hineinträgt, um dafür Regelungen, Gesetze oder – andersherum – die Verhinderung von Regelungen, Gesetzen und Aufmerksamkeit zu bekommen; und natürlich nicht vor den Mainstream-Medien, die nicht in eine Öffentlichkeit hinein, sondern auf einem Markt wirken. Wer in dieser Krise (durch die alles nicht besser, sondern immer noch viel schlimmer zu werden scheint, in der womöglich gar die Krise nur Begleiterscheinung eines Diskurswechsels in Ökonomie und Politik ist) nach dem Staat oder den Medien ruft, hat das Geschehen wohl gründlich missverstanden. Der Finanzkapitalismus des Neoliberalismus ist nicht trotz, sondern durch die »demokratischen« Regierungen entstanden, und nicht trotz, sondern durch die Medien. Und dass er nun seine Kampf-, Profit- und Todeszonen noch einmal so vehement ausdehnen kann – »alternativlos«, wie wir wissen –, geschieht ebenfalls nicht trotz der Regierungen und trotz der Medien, sondern durch sie. An die Stelle eines Konzept der Gewaltenteilungen von *checks and balances* ist eines der Gewaltenteilung der Komplizenschaft getreten.

Feuilletonistische Kapitalismus-Kritik ist ein erlaubtes Gesellschaftsspiel, solange drei Tabuzonen nicht betreten werden:

1. politisch-ökonomisch-mafiöse Großprojekte wie Stuttgart 21 in Deutschland oder die Hochgeschwindigkeitsstrecke Turin-Lyon;
2. die korrupten und korrumpierenden Beziehungen zwischen Politikern und Wirtschaftskonglomeraten und
3. die Postdemokratie als Machtdreieck von Regierung, Wirtschaft und Massenmedien zum Zweck des weiteren Ausbaus einer oligarchischen Herrschaft.

In diesen Fällen mag man Polizei und Justiz aussenden, die

Medien- oder Karriere(verhinderungs)waffen einsetzen, ansonsten genügen subtilere Mittel der Befriedung einer Gesellschaft, in der eine Mehrheit gerade auf indirekte Weise enteignet und sozial abgewertet wird.

Trotzdem geht das Gespenst des Antikapitalismus natürlich weiter um: Empörung, Verweigerung, Kritik, sogar ziviler Ungehorsam sind Optionen für bürgerliche Menschen geworden. Das System ist korrupt und dumm, aber es ist nicht perfekt und nicht unbesiegbar. Und die vielen Ansätze antikapitalistischer Kritik könnten, wenn sie sich denn von ihren falschen Verbündeten trennen würden, durchaus dazu führen, dass das ruinös liegengebliebene Projekt der Aufklärung wiederaufgenommen wird. Aufgeklärte Menschen würden sich die Komplizenherrschaft von postdemokratischen Regierungen, oligopolem Finanzkapitalismus und institutionalisierten Blödmaschinen wohl keinen Augenblick gefallen lassen. Die »Oikodizee«, von der Joseph Vogl spricht, jener Glaube an die unsichtbare ordnende Hand im Markt und dessen Fähigkeit, durch das »indirekte Regieren« Tyrannei und Despotie abzulösen – »nicht irgendeine übergeordnete Instanz, sondern das Kollektiv-Subjekt des Marktes bringt soziale Ordnung und Ausgleich hervor«[1] –, musste in den letzten Krisen verschwinden. Der »Glaube« an den Kapitalismus ist fort, so dass der feuilletonistische Antikapitalismus bei den gebildeten Ständen für eine gewisse Zeit salonfähig wird. Aber was geschieht, wenn er seine Zugkraft verliert, weil ihm entweder Taten oder neue Ideen folgen müssten? Und was geschieht im Mainstream?

Unsere These: An die Stelle einer Oikodizee, eines verbindlichen Diskurses zur Vernünftigkeit, Nützlichkeit und letztlich Meta-Ethik des Kapitalismus (aus der Gier der Vielen wird die Gerechtigkeit des Ganzen) tritt eine neue Verbindung von Ökonomie und Unterhaltung. Das Zerbrechen der »großen Erzählung« des Marktes – als letzter und größter der großen Erzählungen – hinterlässt einen gewaltigen Scherbenhaufen aus Anekdoten, Metaphern, Novellen, Bewegungsbildern, Serien, Shows und Riten. Diese Auflösung der großen Erzählung vom sinnvollen Markt in Entertainment, in komplexitätsreduzierte Einheiten, Verquickungen mit den »Mythen des Alltags«, »Vermenschlichungen« und Unverbindlichkeiten begleitet einen viel größeren Diskurswechsel in der Gesellschaft. Die Transformation des Kapitalismus ist zugleich eine Transformation der Demokratie. Der Finanzkapitalismus, der aus der Krise gestärkt hervorgeht, und die Postdemokratie, die sich seiner bedient wie er sich ihrer, sind dabei, eine neue Form der Herrschaft auszubilden, mit neuen Klassen, neuen Regeln, neuen Werten, neuen Ordnungen, neuen Strafen und neuen Belohnungen. Niemals könnte all dies in Form eines »historischen Projektes« geschehen, sondern nur im Dunst des Wirkens jener medialen, sozialen und technologischen Apparate, die wir die »Blödmaschinen« genannt haben. Die Umwandlung des geglaubten in den gespielten Kapitalismus weiß von sich selbst so gut wie nichts. Der neue Kapitalismus funktioniert nicht obwohl, sondern weil die Menschen nicht mehr an ihn glauben. Und an vielen Ecken, oben wie unten, scheint ein Kapitalismus, der sich durch nichts anderes mehr begründen muss als durch die Effizienz seiner Elemente und das Entertainment, das er abwirft, wie eine Befreiung. Der neue Kapitalismus ist kein System und kein Glaube mehr, er ist Spektakel.

Als Teil eines *work in progress*, das wir mit dem Buch *Blödmaschinen. Die Fabrikation der Stupidität* (Suhrkamp 2011) begonnen haben, greift dieser Essay einen Teilaspekt heraus: eine teils fiktive, teils sehr reale Verbindung zweier Blödmaschinen, der Ökonomie und der Unterhaltung, die am Ende nicht mehr in der Welt, sondern *als* Welt wirken will. Das Econotainment, die Verwandlung der großen ökonomischen Erzählungen ins Format der Reality Shows, der Soap Operas, der Quizshows, Sportübertragungen und Wettervorhersagen, ebenso wie die Parallelwelten von Marken, die um sich herum Simulationen von Gesellschaft, Kultur und sogar Religion ausbilden, haben die Grenzen zwischen Produktion, Distribution, Werbung und Konsumtion verwischt. Econotainment ist mehr als eine komplexitätsreduzierte und komplexitätsreduzierende Propagandamaschine des Nachkrisen-Kapitalismus, die uns zu Komplizen, Geiseln, Tätern und Opfern zugleich machen will. Macht es doch ernst mit der Drohung von Karl

Marx und Walt Disney: dem Leben in einer »zweiten Natur«, in der die erste ebenso unsichtbar wird wie alles Darüber-Hinausdenken. Kein noch so böser Science-Fiction-Autor hätte sich diese Grinsehölle aus Börsenshow, Reality TV und Werbespektakel ausdenken können, die für uns Alltag geworden ist – und die sogar ein wenig »antikapitalistisches Gerede« nicht bloß verträgt, sondern ganz gut brauchen kann. Das Große und das Kleine, Mikro- und Makropolitik, Körper und Begriff, Politik und Ökonomie, Alltag und Macht zusammenzudenken ist einer der Versuche, aus dem antikapitalistischen Gerede zur Ahnung einer neuen Aufklärung vorzudringen. Das kann freilich nur gelingen, wenn es die Buchdeckel und High-brow-Medienzirkel überschreitet, wenn es in den Köpfen und Aktionen weitergeht. Dem Kapitalismus gegenüber recht zu haben, ist keine Kunst. Es kömmt darauf an, zu erkunden, was nach ihm kommen soll.

I. Der verflüssigte Kapitalismus oder Wie Red Bull der Virtualisierung der Ware Flügel verleiht

Ob die Kapitalismen dieser Welt nur Varianten ein und derselben Sache sind, oder aber durchaus unterschiedliche Systeme mit gewissen Verwandtschaften, darüber ist das letzte Wort noch nicht gesprochen. Der Schlüssel zu Reichtum und Macht wie zu Ungerechtigkeit und Unfreiheit scheint allerdings nach wie vor im Besitz der Produktionsmittel zu liegen, auch wenn es den Eindruck hat, dass der Finanzkapitalismus der Realwirtschaft derzeit eine lange Nase dreht. In Wahrheit ist auch diese moralische Dualität – böser Finanzkapitalismus, gute Realwirtschaft – eine Erfindung jener, die gern beim Chor der feuilletonistischen Kapitalismuskritik mitsingen, nachher aber nichts gesagt haben wollen. Denn was wir »Krise« nennen (oder plural: Krisen, denn wir haben sie geordnet in Immobilien-, Banken-, Schuldenkrisen usw.), ist vielleicht nichts anderes als ein Symptom einer weiteren Transformation des Kapitalismus. So wie sich die »wissenschaftliche« Ideologie vom freien Markt nach ihrer Widerlegung durch die eigene Praxis spaltet in eine neue Form des Staatskapitalismus und den Medienkapitalismus des Econotainment, so spaltet sich der Produktionskapitalismus nach dem Ende seiner Produktivität offensichtlich in einen Finanz- sowie in einen Distributionskapitalismus, vor dem nicht allein die wirklichen Produzenten (etwa die Bauern), sondern auch die Produkte zittern müssen. An der stets noch zunehmenden Macht der Lebensmittel- und Pharmakonzerne, der Discounter und Global Player der Grundversorgung ist abzusehen, dass sich die »neuen« Waren nicht als soziale Diskurse verwirklichen. Die neuen Waren erfüllen nicht mehr primär die Wünsche nach Ess- und Trinkbarem, tragbarer Kleidung bzw. zu oder doch erträglicher Medizin, sondern definieren ihrerseits, was ess- und trinkbar, was Gesund- und Krankheit usw. ist. Die neue Ware will das Leben selbst sein – und kann das vor allem, weil sie großteils virtuell ist. Wie in der Finanzbranche wird auch in der Realwirtschaft etwas verkauft, was seinen Wert nur als Versprechen für die Zukunft hat, eher Platzhalter des Begehrens (und der Angst) ist als begehrtes (der gefürchtetes) Objekt.

Wo die Ware aber weitgehend virtuell geworden ist, erhalten auch die Produktionsmittel einen neuen Charakter. Zuerst begannen sie ihren nomadischen Zug durch die Welt, immer auf der Suche nach billigen Arbeitskräften und günstigen Standortbedingungen (will sagen: korrupt-komplizenhaften Regierungen, preiswerter Infrastruktur usw.). Doch auch die Beutezüge des nomadischen Produzierens stoßen an ihre Grenzen – wenn auch gewiss nicht in Form jener »patriotischen« Firmen, die ihre Ware verhökern, indem sie vom Erhalt deutscher Arbeitsplätze schwadronieren.

Ist der Kapitalismus einmal um die Welt gezogen, hat er sie sich auch insofern untertan gemacht, als die Differenzen eingeebnet worden sind, welche die Dynamik der entsprechenden Beutezüge der Produktion ausmachen. Deshalb bietet sich im Medienkapitalismus eine neue Art des Produzierens an, die an die reale Existenz eines der Ware entsprechenden Produktionsmittels gar nicht mehr gebunden ist. Je virtueller die Waren, je fiktiver, politischer oder taktischer die Preise, desto mehr wird die Macht der Distribuenten gestärkt und die der eigentlichen Produzenten beschränkt. Nicht wer etwas herstellen kann, erzielt den Profit, sondern wer sich geschickt in die Verteilung zu mischen weiß. Wie in der Finanzwirtschaft wächst auch in der sogenannten Realwirtschaft der Handel mit Dingen, die man gar nicht hat oder die es nicht gibt. Man handelt also mit Versprechen, sozialen Identifikationen, Zeichen und Mythen, für die die wirkliche Ware nur noch eine letzte haptische Chiffre ist. Bemerkenswerterweise eignen sich Getränke als Prophezeiungen des jeweils neuesten Stadiums des Kapitalismus besonders gut, vielleicht, weil in ihnen die Aspekte von Lebens- und Genussmittel, Differenz und Mainstreaming, Image und Illusion besonders ausgeprägt sind (und das umso mehr, als sich die Welt gerade, offensichtlich aus Kosten-Nutzen-Gründen, das Rauchen abgewöhnt). Vielleicht aber auch, weil die meisten damit kokettieren, mehr als ein Getränk zu sein, einen besonderen Status zu haben: als legale Droge.

Die Ware selbst besteht im verflüssigten Kapitalismus nicht mehr aus einem bestimmten Ding, sondern aus einem Komplettangebot aus »Rezeptur«, Marken-Image, Vermarktungsstrategie und der Verknüpfung mit sozialen Events. Coca-Cola hat diese Strategie des verflüssigten Kapitalismus einst vorgemacht, und nicht zufällig gelang diesem einst kokain-, nun nur noch koffeinhaltigen Getränk der größte Sprung durch einen Krieg. Jeder amerikanische Soldat hatte im Zweiten Weltkrieg das Recht auf eine Flasche Coke, wo immer er auch war, und Coca-Cola war – eins, zwei, drei – das erste große Geschenk an die Befreiten. Als Ware fungierte dabei aber nicht primär eine in alle Welt verkaufte braune Brühe (nach fürchterlich geheimem Rezept), sondern die Marke und das Recht der Distribution aus eigener Produktion. Im nächsten Schritt mögen die Marke und ihre Erzählung mit dem Inhalt und der Rezeptur kaum noch etwas gemein haben; denn während Coca-Cola noch überall auf der Welt annähernd gleich schmecken sollte, enthält eine Dose Löwenbräu-Bier je nach Konsumort sehr unterschiedliche Flüssigkeiten, wie jeder weiß, der in den USA einmal zu einem »original« Löwenbräu eingeladen worden ist. Mit der Bionade entwickelte man vor einigen Jahren in Deutschland ein Getränk, das Präsenz, ja Dominanz innerhalb von sozialen Bewegungen und Jugendkulturen entwickeln konnte. Auch hier wurde der mythische Zusammenhang zwischen Produktion (ein »Familienbetrieb« jenseits der Konzernimperien) und Produkt sehr rasch aufgelöst; als Konzernlimonade wie andere auch erzählt sich die Bionade nur noch als Gerücht. Auf drei sehr unterschiedliche Arten gelangen diese drei Flüssigkeiten jedoch zum gleichen Ziel, nämlich ein Stadium, in dem sie in bestimmten gesellschaftlichen Situationen die Dominanz der Diskurse begleiten: kein Popkonzert ohne Coca-Cola, keine *bavarian gemutlichkeit* ohne Löwenbräu, kein Klönschnack unter Alternativen ohne Bionade (jedenfalls bevor sie von Dr. Oetker geschluckt wurde).

Der Schritt von Coca-Cola zur Bionade besteht dabei nicht zuletzt darin, dass man von der *Begleitung* von Diskurs und Spektakel (und von der Öffentlichkeit des Popkonzerts in die Halbintimität des Weihnachtsfestes) zu einer *Beteiligung* übergegangen ist. Man hängt die Ware nun nicht mehr an das Spektakel an, die Ware ist bereits dessen Teil.

In der nächsten Phase wird eine solche Flüssigware dann *selbst* zum Spektakel. Ein prägnantes Beispiel dafür ist Red Bull, ursprünglich eine Art Brause mit Koffein und Vitaminen sowie einem semigeheimnisvollen Zusatzmittel namens Taurin, das jetzt in einer eigenwilligen Werbekampagne einen neuen Markt-Auswuchs hervortreibt. Aufschlussreich schon die Entstehungsgeschichte: Taurin als Wirkstoff in einem Getränk entstammt, wohl wiederum nicht zufällig, einer Kriegsentwicklung: Im Zweiten Weltkrieg wurden die japanischen Piloten damit versorgt, weil man glaubte, dadurch Leistung und Einsatzbereitschaft zu erhöhen. Der Slogan »Red Bull verleiht Flügel« bekommt so eine makabre Nebenbedeutung. Und auch der Stier im Namen hat eine mehrfache symbolische Bedeutung: Die Substanz, die seit dem Jahr 1824 bekannt ist, wurde aus Ochsengalle gewonnen und erhielt ihren Namen vom griechischen *tauros* = Stier; hinzu kam allerdings eine ungeheure mythische Aufladung des Brausegetränks bis in die Tiefen der Konstruktion von männlicher Kraft und »übermenschlicher« Fähigkeiten.

Mittlerweile wird das Taurin in den Energy Drinks natürlich synthetisch hergestellt und kann auch pur bezogen werden. 100 Gramm reines Taurin kosten etwa acht Euro. Laut dem Anbieter Energize Your Life möchte das weiße Pulver durchaus ein wenig wie das Kokain des kleinen Mannes wirken (das Sprachzentrum scheint jedenfalls schon angegriffen):

> »Ähnlich wie Koffein hat Taurin die selben Auswirkungen auf den Körper. Jedoch steigert und beschleunigt Taurin die Wirkung von Koffein. Müdigkeit wird überdeckt, Konzentrationsfähigkeit wird gesteigert. Leichte Kopfschmerzen können verschwinden. Die Wirkungen sind u. a. abhängig von der Dosis, den Gewöhnungseffekten, Stoffwechselfunktionen sowie vom psychischen Zustand des Menschen. Unter anderem wird

Taurin für die Fettverdauung, die Aufnahme fettlöslicher Vitamine, die Regulierung des Blutcholesterinspiegels gebraucht. Ebenso kann der Körper bei übermäßigem Alkoholkonsum Taurin nicht mehr richtig verwerten und sollte daher ergänzt werden.«[2]

Mit anderen Worten: Man kann mehr fressen, ficken, saufen und schläft auch beim Fernsehen nicht mehr so schnell ein.

Tatsächlich scheint es das Werbeziel etlicher Anbieter von Energy Drinks zu sein, immer jüngere Zielgruppen zu erreichen, etwa indem Verpackung und Design besonders »kindgerecht« gewählt werden, genauer gesagt: in den Farben der Präadoleszenz. Dem Aspekt der legalen Droge wird immerhin so weit Rechnung getragen, als auf einer Red-Bull-Dose – in der Tanke Ihres Vertrauens 2,40 Euro für 250 Milliliter (Taurin-Gehalt 0,4 Prozent) – der Hinweis zu lesen ist: »Nicht empfohlen für Kinder, Schwangere und koffeinempfindliche Personen. In moderaten Mengen konsumieren.«

Auch die *back story* liefert ihren Beitrag zum Wert der fiktivverflüssigten Ware: Der »Erfinder« des Red Bull, Dietrich Mateschitz, brachte die Idee 1982 von einem Besuch in Thailand mit, wo ein Getränk namens »Krating Daeng« angeboten wird, vor allem um die Folgen des Jetlag zu überwinden. Das Getränk und sein Marketing mussten nur ein wenig dem westlichen Geschmack angepasst werden, als es 1987 zunächst auf dem österreichischen Markt getestet wurde und schnell Anklang gerade in den Jugendkulturen fand, wo man durch einen Mix aus Werbung, Image-PR und »Guerilla Marketing« einen nachhaltigen Effekt erzielte. Red Bull wurde zu einem Bestandteil der Techno- und Snowboarding-Szene, immer mit dem Versprechen, Ausdauer, Energie und »Spaß« zu befördern.

Der Red Bull Energy Drink, meist nur Red Bull genannt, besteht hauptsächlich aus Wasser, Zucker (Saccharose, Glucose) bzw. (in der zuckerfreien Variante) Aspartam, ferner Glucuronolacton, Koffein (im Maß etwa einer Tasse Kaffee) und besagtem Taurin sowie zugesetzten Vitaminen. Gegenüber dem in Thailand verbreiteten Energy Drink Krating Daeng wurde die Rezeptur moderat verwestlicht. Erweitert wurde das Angebot durch eine Diät-Variante sowie durch größere Dosen bzw. Flaschen, seit 2008 auch als 330-Milliliter-PET-Flasche für die Discounter. »Special Editions« bieten Geschmacksverbindungen etwa mit Heidelbeere und Limette. In der Szene kommt der Energy Drink als Mixgetränk mit Wodka unter dem Namen »Flügerl« (nach dem Werbespot mit dem Slogan »Red Bull verleiht Flügel«), als »Wodka Energy« oder als »Ferrari« an (Red Bull mit rotem Wodka).

Im Jahr 2003 hatte Red Bull hierzulande bei den Energy Drinks trotz vieler Nachahmerprodukte noch einen Anteil von 70 Prozent. Es gilt als eines der erfolgreichsten neu eingeführten Markenprodukte des dritten Jahrtausends. Ob es auch nur für Augenblicke zu einer Leistungssteigerung führt oder nicht, ist umstritten; immerhin scheinen einige Versuche eine anaerobe Leistungssteigerung nicht auszuschließen. Da Red Bull bei der Einführung in verschiedenen Ländern auf gewisse Beschränkungen stieß – in Frankreich gar auf ein Verbot (bis dort im Jahr 2008 das Taurin durch Arginin ersetzt wurde; später wurde aber auch das taurinhaltige Getränk zugelassen) –, umweht ein Ruch von »Droge« das Getränk, was Red Bull allen Warnungen zum Trotz (in Ländern wie Kanada sogar auf den Dosen selbst angebracht) gerade in Verbindung mit Alkohol zum idealen Event- und Partygetränk macht.

Red Bull ist gewiss ein überteuertes Produkt, wobei der Konzern gleichwohl durch seine Werbe-, Sponsor- und Event-Aktivitäten erfolgreich bleibt. Neben den klassischen Sponsor-Auftritten entstanden ganz eigene Events wie das »Red Bull X-Fighters«-Freestyle Motocross-Rennen oder die »Red Bull Air Race Series«. In der Formel 1 ist man mit dem Red-Bull-Racing- und dem Scuderia-Toro-Rosso-Team vertreten. Die von Red Bull initiierten Extremsportarten forderten 2009 zwei Todesopfer unter »Basejumpern« – was zu einer Abmilderung der Strategie führte, unter anderem auch zu einer Ausweitung des Engagements auf eher klassische Sportarten wie Fußball.

Auch diese Sponsoring-Geschichte ist ein Lehrstück: Während die Verschmelzung der Marke mit dem Rennzirkus und den

Trendsportarten reibungslos verlief, traf man, was die Fußballfans anbelangt, zunächst auf Widerstand. Die Red-Bull-Mannschaften in Salzburg, Leipzig, New York, Sogakope (Ghana) und São Paulo stürzten ihre Mitglieder und Unterstützer in veritable Identitätskonflikte. Dietrich Mateschitz und seine Firma übernahmen als Erstes den SV Austria Salzburg, der sich die Tradition als einer der ältesten Fußballclubs Österreichs und, wie der Vereinsname sagt, seinen Patriotismus zugutehielt. Es wurde allerdings nicht nur der Name ausgetauscht (symbolträchtig genug, immerhin ersetzte die Identifikation mit einer Marke die mit der Nation), vielmehr vollzog sich, was man in der freien Wirtschaft eine »feindliche Übernahme« nennt. Nichts blieb von den gewachsenen Vereinsstrukturen, der Vorstand wurde fortan von Red Bull gestellt. Doch weniger dieses radikal ökonomisierte Vorgehen, dem die Mitgliederversammlung aller Proteste zum Trotz zugestimmt hatte und das mittlerweile geläufige Praxis ist, als vielmehr die bislang unbekannte ikonografische Übernahme verstörte die Fans. Sie trug durchaus terroristische Züge: Die Vereinsfarben und das Wappen wurden nicht nur abgeschafft, Fans, die ihre Treue zur Tradition durch das Tragen von Lila und Weiß signalisierten, erhielten Stadionverbot. In einer Presseerklärung erläuterte man das Ausradieren der Vereinsgeschichte folgendermaßen: »Keine Kompromisse. Das ist ein neuer Klub. Es gibt keine Tradition, es gibt keine Geschichte, es gibt kein Archiv.«

Der letzte Satz markiert ein Programm, das sich mühelos auf andere Zonen der Ökonomie und Politik übertragen lässt, und der Widerstand dagegen war zweifellos mehr als traditionalistische Vereinsmeierei. Obwohl der FC Red Bull Salzburg von dem Verein, den er ablöste, die Lizenz übernahm, gab man als Gründungsjahr 2005 an: Der neue Verein, der nur existieren konnte, weil er den alten beerbte, löschte dessen Erinnerung radikal aus. Die treuen Fans indes gründeten, eher symbolisch als real, den SV Austria Salzburg wieder. Retteten sie damit etwas? Oder taten sie dem neuen Herrn nur den Gefallen, die Geschichte ihres Hauses endgültig zu entsorgen? Nach einem ganz ähnlichen Prinzip vollzog sich die Übernahme in Leipzig, wobei man hier auf größeren Widerstand traf. Weil sich der Traditionsverein FC Sachsen den Investoren verweigerte, fiel die Wahl auf einen sportlich weniger bedeutenden Stadtviertelclub, den SSV Markranstädt. Die Verwandlung in einen Markensportverein namens Red Bull Leipzig musste dezenter abgewickelt werden als in Österreich, wo man den Investoren großzügige Rechte einräumt, während eine Namensänderung durch Sponsoren nach den Statuten des DFB unzulässig ist. So entstand der RB Leipzig, offiziell »RasenBall Leipzig« genannt, der seine Heimspiele in der Red-Bull-Arena (vormals Zentralstadion) absolviert. Das neue Vereinswappen, das zwei rote Stiere zeigt, ist zwar nicht als »offizielles« Logo anerkannt, wird aber auf dem Weg des Merchandising umso mehr verbreitet.

Alle Red-Bull-Vereine entsprechen den feuchten Träumen neoliberaler Manager. Es gibt dort keine Mitbestimmung durch die Mitglieder, nicht einmal deren »ordentliche« Information. Die Mitglieder sind der Führung so egal, dass man sie getrost vergessen kann, denn die Events richten sich direkt an Zuschauer und Medien, die sich nicht mit dem Verein, sondern mit der Marke identifizieren sollen. Das Management von Red Bull hat die Vereinsstruktur vor Ort auch in Leipzig vollkommen abgelöst, bei Spielern und Trainern verfolgt man eine Politik des *hire and fire*, die den »Star« nicht mit Ort oder Verein verschmelzen lässt. Star ist am Ende immer nur der rote Stier. Man kann sich sehr gut vorstellen, wie sich ein solches Modell des radikal ökonomisierten Sports in Ländern wie Brasilien und Ghana auswirkt.

Der Druck, den Ökonomisierung und Privatisierung auf den Sport ausüben und bei dem Red Bull gewiss eine Schlüsselrolle spielt, wird den Widerstand in den Vereinen über kurz oder lang brechen (zumal die Investoren sich dabei sowohl auf europäisches Recht als auch auf die »Wettbewerbsfähigkeit« der deutschen Mannschaften berufen können). In der »50 + 1-Regel« des DFB ist bestimmt, dass Anleger in jenen Kapitalgesellschaften, in die Fußballvereine ihre Profiabteilungen verwandeln können, nicht die Stimmenmehrheit haben dürfen. Die Mehrheit des Kapitals in diesen Kapitalgesellschaften ist von der Regelung nicht betroffen, so dass ein Verein jemandem »gehören« kann, der offiziell nicht die Führung dominiert (im Gegensatz zu Italien, wo Silvio Berlusconi seinen Fußballverein durchaus in des Wortes konkretester Bedeutung besitzt). Der synthetische Marken-Verein ersetzt nicht nur den lokalen »Traditionsverein«, sondern auch die nicht weniger traditionelle Firmenmannschaft (wie »Salamander Kornwestheim«), die weniger ein Instrument der Werbung als der »corporate identity« war.

Während das Unternehmen also immer mehr Bereiche des Lebens, der Kultur und des Entertainments übernimmt, verliert es seinen topografischen und sozialen Kern. Es gibt Red Bull im Grunde nicht als Fabrikationsstätte; die Limonade wird bei verschiedenen Getränkefirmen erzeugt, die auch anderes herstellen; darunter befindet sich eine in der Schweiz, die in Zulassungs- und Handelskonflikten zwischen der Europäischen Union und den Vereinigten Staaten Vorteile genießt. Im Medien- und Entertainment-Kapitalismus lassen sich auch die Besitzer von Produktionsmitteln zu willigen Helfern herabstufen, die jederzeit ersetzt und in eine Dumping-Spirale gezogen werden können. Im günstigsten Fall ist der reale Produzent dann williger Partner des Distribuenten; im weniger günstigen (also wahrscheinlicheren) Fall ist der Distribuent in einer nomadischen Bewegung auf der Suche nach Produzenten, denen er seine Bedingungen diktieren kann. Was zählt, ist nicht mehr der Besitz der Produktionsmittel, die man im globalen Spiel auch ohne Weiteres von einem Wirtschafts- und Rechtsraum in den anderen verlagern kann, sondern »Marken«, Copyrights und Kampagnen; was zählt, ist eine wie auch immer erzeugte Dominanz in der Distribution und damit etwas so Einfaches wie Schreckliches: kulturelle Hegemonie.

»Die Ware ist das Spektakel« gilt hier also nicht in dem Sinn, wie der Satz für einen Wagen der S-Klasse oder einen Jack-Wolfskin-Anorak gelten mag. Es bedeutet, dass die Ware nicht ein Spektakel »darstellt«, sondern eines generiert. Der Wert der Marke ist gleichbedeutend mit dem sozialen und kulturellen Raum, den sie besetzen kann. Wie die Firma und ihr Gründer in den Vereinen, die sie übernehmen, so entfaltet sich die Ware im mehr oder weniger öffentlichen Raum oder sogar in der gerade noch »unberührten« Natur durchaus imperial; sie duldet keinen Widerstand, keine Insubordination, keine Konkurrenz. Sie verlangt nach totaler Herrschaft und löscht jedes »Archiv«. Und sie kann diese imperiale Eroberung des Spektakels bzw. als Spektakel durchführen, ohne in Konflikt mit der politischen Sphäre zu gelangen (sieht man einmal von ein paar arbeitsrechtlichen Scharmützeln bei den Vereins- und Firmen-Übernahmen ab). Die politischen Freiheiten scheinen von den aggressiven Besetzungen, den Beutezügen in der Produktion ebenso wie bei der Übernahme ganzer Sektoren der Spektakel-Kultur, nicht tangiert. Umso mehr dürfen wir an der symbolischen Repräsentanz einer solchen Macht die Demokratie als Illusion erkennen, die sich just nur in jenen Sphären abspielt, die uns augenblicklich nicht viel angehen.

Der entscheidende Impuls für eine Distributionsdominanz in Postdemokratie und Neoliberalismus ist die Verknüpfung eines Produkts mit den Sphären der Freizeit und der Medien, aber auch mit anderen kontrollier- und übernehmbaren »Events« und Institutionen wie Kunst, Pop, sogar Medizin, Politik und Bildung – kurz gesagt: mit den Blödmaschinen. Die Distributionsdominanz kann sich auf dem Freizeit- und Kulturmarkt in dem Maße realisieren, wie Medien, Spektakel und »kulturelle« Institutionen zu Blödmaschinen werden und sich zur Herstellung und Festigung der Distributionsdominanz oligarchischer Interessen benutzen lassen. Dabei sind die Medien nicht einfach, wie alle anderen Güter auch, »Opfer« von Ökonomisierung und Privatisierung, sondern Teil der Wandlung des Produktions- in den Distributionskapitalismus und Teil der Verwandlung des Kasinokapitalismus in den Medienkapitalismus. Daher geht es eben nicht allein um die »Kultivierung« einer Marke wie Red Bull, sondern vielmehr um die Redbullisierung kultureller Institutionen. Kreativität wird von den Marken-Kampagnen nicht nur benutzt, um positive Konnotationen zu schaffen (wie in der klassischen Werbung und im traditionellen Sponsoring), sondern der Marke direkt unterworfen, so wie künstlerische Kreativität, körperliche Leistung etc. einstmals der »Ehre Gottes« unterworfen wurden. Und aus dem Zeichen der dominanten Marke wird ein Dominanzzeichen, wozu sich das Bild eines roten Stieres natürlich bestens eignet (zumal es ja zu keinem anderen Zweck erfunden wurde): »das große Andere« als Markenzeichen. Der rote Stier zeigt sich nicht nur als Sinnbild gebündelter Energie – unübersehbar immer wieder die Blut-Metapher in diesem Rot –, sondern vor allem auch als Inbegriff totaler Konkurrenz. Man hält länger durch als die anderen, gleichgültig, ob es sich um Sport, Tanz, Sex oder soziale Performanz handelt. Dafür ist man nicht nur bereit, einen höheren Preis (einen »sinnlos« hohen, wie jede rationale Erwägung zeigen würde) zu zahlen, sondern auch dazu, sein Leben unter das Zeichen des roten Stieres zu stellen. Und das schließt, wie erste zaghafte medizinische Einwände meinen, den Raubbau an der eigenen Gesundheit mit ein. So wird der rote Stier zum Sinnbild der Rücksichtslosigkeit gegenüber anderen und sich selbst, freilich nicht in der Sphäre der Produktion, der Karriere und der sozialen Auseinandersetzung, die sorgfältig ausgeblendet werden, sondern in der Sphäre des bedeutungslosen Genusses, der stets neu erfundenen und immer mit Konsumereignissen verbundenen »Extremsportarten«, der »depolitisierten« Variante von Musik und Street Art, des unverbindlichen Miteinanders der Klassen, Rassen und Geschlechter, wenngleich mit einer strikten Betonung der Jugendlichkeit. Red Bull ist die Marke des Spektakels im Neoliberalismus – also im Wesentlichen nichts anderes als ein käuflicher Wirklichkeitsrest als Eintrittskarte in eine virtuelle Welt, einen Kult-Raum der angestrengten Nichtigkeiten. Der Distributionsraum wächst überproportional zum Distribuierten. Das Wesen der Ware ist ihre eigene Distribution, die wiederum einen semantischen Innenraum bildet, über den Nachrichten verschleudert werden wie jene von den Red-Bull-Rennfahrzeugen, die diesen oder jenen Sieg eingefahren haben. In Filmen wie *Rush Hour 3* wird dabei auch ironisch auf Red Bull als Energy Drink bei der Liebe angespielt. Während ich mit Coca-Cola in die weite Welt kam, Löwenbräu-Bier erlaubte Regression signalisiert und Bionade mir ein gutes Trinkgewissen verschafft hat, ist Red Bull eine Welt für sich, ein *legal high* des positiven Denkens, das künstliche Paradies in der Postdemokratie.

Daher ist eine kulturelle Dominanz-Sphäre, wie Red Bull sie schafft (eine synthetische »Subkultur«, unter anderem), nie wirklich unpolitisch. Nicht nur modellieren sich in ihr soziale Strategien und Abhängigkeitsverhältnisse, vielmehr wird Dominanz als Wesensform gesellschaftlicher Aktivität konstruiert. Red-Bull-Helden und -Heldinnen sind eine besondere Art von Gewinnern: Auch sie gewinnen, indem sie das Feld der Wettbewerbe neu bestimmen. Diese vernetzte Dominanz ist die neue Form von Herrschaft. Weder sichtbare Macht noch Kontrolle, weder formales Monopol noch Ideologie des Ausschlusses, stattdessen Dominanz als Gegenwärtigkeit, als Korruption von Sprache und Code, als Anschlussfähigkeit der Subdominanten. Auch die großen Konzern-Discounter »herrschen« nicht, sondern sind »nur« so dominant, dass sie kulinarische, modische, technische und soziale Diskurse bestimmen, nicht in Befehls-, sondern in der Verlaufsform. Doch müssen diese »realen« Distribuenten in der Tat noch architektonische Räume besetzen und die Menschen anziehen, der virtuelle Distribuent, der Idee, Haltung oder Strategie verkauft, ist darauf kaum mehr angewiesen. Er vermag die Menschen dort zu dominieren, wo sie sind. Die Diskurse wiederum sind von der Politik, der Wissenschaft und der Kritik so freigegeben, dass ein Besuch bei Starbucks Ordnung herstellen und Zugang zu einem Raum verschaffen soll, wo jede andere Verständigung unter der Dominanz der Distribuenten versiegt. Haben wir je in einem Lidl-Geschäft ein politisches Gespräch gehört? Wohl aber haben wir erstaunt zur Kenntnis genommen, dass dies ein Ort ist, an dem man gern und keinesfalls allzu leise Details aus seiner sexuellen, medizinischen und beruflichen Biografie kommuniziert. Dies deutet auf eine neue Art von Kirche hin (so wie jeder Red-Bull-Event eine Art Feldgottesdienst darstellt); es ist ein direktes Andocken der »biografischen Einheit« an einen semantisch mit Dominanz-Zeichen ausstaffierten sozialen Raum. So wird die virtuelle Ware à la Red Bull zum Transformationsmittel zwischen dem Privaten und dem Öffentlichen, dem Sozialen und dem Körperlichen, den Worten und den Handlungen, kurz: zur Nachfolge dessen, wofür einst Religion und dann Kultur zuständig war.

In der Virtualisierung der Distributionssphären entstehen neue Formen der Dominanz. Red Bull und seine Distribution ist ein Beispiel dafür, wie eine Ware andere Güter infiziert, um über die Kette von Nutzwert, Tauschwert, Sozialwert und Sinnwert noch hinauszugelangen: Man besetzt in gewissem Sinne ganze Lebenssphären bzw. erfindet eine Form von »Lebensqualität«. Es entsteht also neben der Dominanz einer Person, einer Firma, eines Zeichens (wie Coca-Cola) die Dominanz eines Lebenskonzeptes inklusive aller vorherigen Dominanz-Elemente: Red Bull *hat* keinen Sinn, es *ist* ein Sinn.

Im Editorial des *Red Bulletin*, jenes farbigen Magazins, das man Zeitungen wie der FAZ beizulegen pflegt, heißt es von einem »Special« in dankenswerter Offenheit, es widme sich der »detaillierteren Erkundung des Kultur-Kontinents in der Welt von Red Bull«. Letztere enthält also einen »Kultur-Kontinent«, der dringend der Erkundung bedarf. Da gibt es den »Red-Bull-Motorsportberater«, Sebastian Vettel fährt den Red Bull 7, es gibt ein Red-Bull-TV-Fenster bei ServusTV, auch ein »Global Culture Mag«, in dem es um was geht? Zum Beispiel: Die »Red Bull Music Academy« in Madrid, die »Red Bull X-Row« und »Red Bull BC One«. Der post-bürgerliche Reifeprozess sieht in der Red-Bull-Welt etwa so aus: »Mit dem Alter habe ich gelernt, auf vieles zu scheißen. Ich wollte mehr Spaß haben«, erzählt der Zürcher Rapper Stress im Interview. Und so soll es ja auch sein: Aus Stress wird Spaß. Und älter werden heißt in der Red-Bull-Welt, auf vieles scheißen zu lernen, um sich dem einen und endgültigen Daseinszweck zu widmen, dem Spaß – dem Gegenteil von Glück.

Möglicherweise entsteht im luftleeren Raum tatsächlich auch eine neue Form von Crossover zwischen Hochkultur und Pop/Street/Ghetto-Kunst, eine Kunst aus reiner Form, der keine soziale Praxis, wohl aber ein bestimmtes Konsumverhalten entspricht: »Was für ein Spektakel!«, so dürfen wir auf einer der einschlägigen Internetseiten über ein solchermaßen redbullisiertes Projekt (diesmal die Vereinigung von Bach und Breakdance) lesen:

»Auch wenn es erst einmal nicht viel zu sehen gab auf der Bühne des Burgtheaters: Ein Klavier und ein Cembalo rahmten die zentral positionierte, etwas erhöhte Tanzfläche ein, eine riesige weiße Leinwand im Rücken. ›Red Bull Flying Bach‹ beginnt unscheinbar, das erste Präludium aus Bachs ›Wohltemperiertem Klavier‹ wird quasi zum Aufwärmen genutzt. Was darauf folgt, sind gut 70 Minuten Akrobatik, zeitgenössischer Tanz und moderne Bearbeitungen klassischer Musik. Bei der Wien-Premiere überzeugte das Publikum dabei vor allem die physische Komponente, was frenetischen Applaus und Standing Ovations nach sich zog.«

So wird gleichsam ein Bereich der »alten« Kultur durch Redbullisierung jugendlich (oder umgekehrt), und nie wird dabei der »athletische« und »sportliche« Aspekt unterschlagen, mit dem dieser Akt der kulturellen Aneignung einhergeht. Dass eine solche Aneignung der konservativen bis reaktionären Kunstauffassung ein Gräuel sein mag, hält »linke« Kritik auf Abstand. Es handelt sich schließlich um eine doppelte Aneignung: So wie man von einer »Verschmutzung« von Bachs Musik durch Street-Art-Choreografie sprechen kann, so kann man auch von einer heftigen Vereinnahmung der energetischen Straßenkunst durch die Kultivierungsmaschinen sprechen. Worum es geht, ist nicht Dialog, sondern Verschmelzung zu einem Dritten, einer »künstlichen Kunst« gewissermaßen, die Zugang zu den verschiedensten Bereichen der Gesellschaft und vor allem zur konsumaffinen Jugend hat. Es geht um das Sexy-, Sportlich- und Leichtmachen:

> »So spielt die Ballerina mit ihren Gegenübern einmal, als wären sie Marionetten an Fäden, um später im kämpferisch angehauchten Tanz ihren sieben Kontrahenten zu entfliehen, während diese zu neuen Drehbewegungen um jede Körperachse ansetzen. Inhaltlich werden die lose zusammenhängenden Szenen als Tanzschulenkonzept aufgezogen, wobei Niranh Chanthabouasy als Lehrerfigur nicht nur seine sechs Schüler im Griff zu haben scheint, sondern über weite Teile die Gruppenchoreographien auch beherrscht.«[3]

Worum es also definitiv nicht geht, ist irgendeine Form der antiautoritären Freisetzung oder künstlerischen Demokratie. Viel eher haben wir es mit einer Restauration der pädagogischen Autorität aus dem Red-Bull-Geist zu tun (jemand muss da jemanden »im Griff haben«): Die Lektüre des *Red Bulletin* offenbart eine offensichtliche Sehnsucht nach Vorbildern, Anleitungen, »Schulen« etc. Worauf dabei besonderer Wert gelegt wird, sind die berühmten fünf Minuten für jeden Beteiligten: Jeder und jede darf sich verkaufen. Ist ein Star. Für fünf Minuten. »Hochkultur trifft Street Art« ist in diesem Kontext ein über-kontrolliertes und unter-komplexes Unterfangen, das, und darauf kommt es an, in »ganz Europa komplett ausverkauft« ist. Der semiotische Warenregen des Merchandising, der andernorts von einem Traumsegment, einer Band, einem Film, einem Star, einer Sportveranstaltung etc. ausgeht, geht hier von der Ware direkt aus. Kaufen kann man mittlerweile: Red-Bull-Uhren (X-Alps Limited Edition), »Can Cooler« und »Keybands«, »Plastic Bottles« und »Wrist Bands«, T-Shirts und Baseball-Kappen, Verzeihung: »Core New Area Caps«, »Softshell Jackets«, Aufnäher, Fan-Song-CDs, Schulranzen, Kaffeetassen, Mousepads usw. Wenn Coca-Cola die Brause war, die sich den Stars lustvoll unterwarf, ist Red Bull die Ware, die selbst zum Star geworden ist und sich die Stars lustvoll unterwirft, die Marke, welche die »Stars von morgen« macht. Eine einzige, gewaltige Casting Show, in der Red Bull das Brandzeichen des Erfolges darstellt. So bestimmt der Marken-Distribuent schließlich nicht mehr nur darüber, was in den kulinarischen Diskurs passt, was Droge und was legal ist, welcher fiktive Preis fürs flüssige Dazugehören und das Versprechen der Ausdauer zu entrichten ist, an welchen öffentlichen und intimen Orten Mythos und Marke auftauchen – er bestimmt am Ende, was an »Bedeutung« und »Sinn« erstrebt werden kann.

Wie kann man eine Distributionsgerechtigkeit denken, wenn die Güter sich erst durch ihren Distributionsprozess erzeugen? Der Maßstab für diese Gerechtigkeit lässt sich denn auch in aller Regel kaum noch an den Waren festmachen, eher an den in Anspruch zu nehmenden Dienstleistungen, etwa wenn man die relativ Armen in einer Gesellschaft am Zustand ihrer Zähne erkennt oder Mieter in eine Falle geraten, wenn sie sich weder den Verbleib in einem »gentrifizierten« Wohngebiet noch die Mobilität eines Umzuges leisten können. Wenn die Dominanz in der Sphäre der Gütererzeugung also von der Produktions- auf die Distributionsseite wechselt, so wechselt der Maßstab für die soziale Gerechtigkeit von der Ware auf die Seite der sozialen Realisierungen. Schon im Kindesalter erlernt man diese Dialektik von Haben und Mitmachen: Wer bestimmte Dinge nicht besitzt, kann bei bestimmten Events nicht dabei sein (beginnend mit dem Schulausflug), das Markenzeichen ist der Zugangscode zur sozialen Praxis. Daher kann der postdemokratische Staat auch so leicht die Verantwortung für die Distributionsgerechtigkeit von sich weisen. Nahezu jedes Ding nämlich lässt sich durch eine Billig- und sogar Billigstvariante substituieren (zumal da, wie wir wissen, auch die »echte« Marke längst kein Qualitätsmerkmal mehr darstellt), nicht aber der soziale und kulturelle Zugangscode. Die neue Klassengesellschaft regelt sich daher über einen von der Distribution dominierten Markt der Realwirtschaft.

Markenstrategie bedeutet die Erzeugung eines nahezu monopolistisch besetzten Areals in der Distributionssphäre, gleichzeitig aber auch die Verzahnung der einen mit der anderen Sphäre: Der Fahrer des Automobils einer bestimmten Marke muss die Uhr einer bestimmten Marke am Handgelenk tragen und, nun eben, den richtigen Drink an der Bar bestellen. Die Markenerzählung komplettiert die »Persönlichkeit« immer nur bis zu einem gewissen Grad. Sie ist niemals vollständig (was den einen oder die andere dazu verleiten könnte, sich für »frei« zu halten). Man könnte also von einer Korruption der Distributionssphären sprechen: Dominante Marken verwenden andere Marken zu ihrer Stabilisierung als Subdominanten, die ihrerseits in ihrer Sphäre Subdominanten zulassen. Böse Zungen mögen von semantischen »Kontaktgiften« sprechen.

Solange diese Vorgänge sich auf einen (wie im Fall Red Bull bewusst »sinnleeren« oder »unschuldigen« Bereich bezogenen) Kreis der Freizeitindustrie beschränken, scheint, abgesehen von einer weiteren Variante der Verblödung, keine allzu große Gefahr von solcher Durchdringung auszugehen. Doch schon die Begegnung von mehr oder weniger authentischer Street Art und Pop mit einer Marke wie diesem Energy Drink wird von nur ein wenig kritischen Zeitgenossen als kulturelle Korruption mit weitreichenden Folgen angesehen. Eklatanter wird das, wenn es um die Sphären der Politik, der Finanzen und der Religion geht. In der Red-Bull-Welt etwa besteht »Emanzipation« ausschließlich aus Sport, Tanz und Performanz, und globale Gleichheit wird erzeugt, indem man aus allen jugendlichen Körpern der Welt die von *dancing* oder *fighting niggers* macht. Zu ewigem »Spaß« verdammte Hochleistungsselbstdarsteller, die nur im Blick der anderen leben können.

Die Distributionssphären aber interagieren miteinander. Die Überschüsse der einen fließen in die andere. Wer in der einen zu viel Geld verdient hat, muss in der anderen investieren und kann es in der Regel nicht auf »faire« Weise. Entweder muss der »alteingesessene« Konkurrent vom Markt gekickt werden oder Letzterer muss erweitert werden, und zwar indem Sphären in ihn einbezogen werden, die vorher in der einen oder anderen Weise autonom waren. So galt es im bürgerlichen Zeitalter durchaus als unschicklich, etwa ein geistliches Amt zu kaufen oder für Verkaufsvorgänge zu missbrauchen. Die Antwort des Neoliberalismus auf dieses Halb-Tabu ist Jürgen Fliege. Oder: Eigentlich soll ein Presseerzeugnis redaktionellen Text und Werbung voneinander trennen. Was allenfalls noch ein Viertel-Tabu ist, wird durch die jüngsten Entwicklungen auf dem Informationsmarkt vollends überwunden. Auch hier ist nur zu deutlich, dass sich die Produzenten von Nachrichten gegenüber den Distribuenten kaum noch behaupten können; die Ware Politik wird für die Distributionsagenturen erzeugt. Wer eine Wahl verliert, beteuert vor den Kameras, man habe seine tiefen Wahrheiten und klaren Zukunftspläne nicht »gut verkauft«. (Und Mediengeburten wie Berlusconi oder Wulff wissen stets, wer schuld ist, nämlich »die Medien«.)

In der Virtualisierung der Distributionssphären entstehen neue Formen der Dominanz. »Dominanz bezeichnet eine Art der Verwendung und der Nutzung von sozialen Gütern, die über die

Grenzen von deren intrinsischen Bedeutungen hinausgeht oder die diese Bedeutungen ihren Interessen und Vorstellungen gemäß selbst erzeugt.« (Michael Walzer)[4]

Ein dominantes Gut wie, sagen wir, Red Bull erzeugt einen Sog. Darin können sich vollkommen unerkannte Interessen realisieren. Man weiß nicht mehr, was Innen und was Außen ist. Da man alles auf die Erzählung und so gut wie nichts auf die Produktion aufbaut, gibt es auch kein Risiko (und zudem wenig mehr als periphere und prekäre Arbeitsplätze). Der semiotische Wirbel fegt durch die Freizeitindustrie.

Zu den Seltsamkeiten des Neoliberalismus und der globalen Impulse von Ökonomisierung und Privatisierung gehört es, dass dem Besitz der Produktionsmittel nicht mehr die alleinige Schlüsselrolle zukommt, Legitimations- und Distributionsapparate sind hinzugetreten. Kulturelle Hegemonie oder Dominanz der (Zeichen-)Diskurse ist als Meta-Marktstrategie nicht auf die einzelnen Marken beschränkt, die es, wie Red Bull, verstehen, eigene (Sub-) Kulturen zu erzeugen. Als im Jahr 2010 klar wurde, dass Südkorea die höchsten Wachstumsraten nicht nur der asiatischen Industrienationen verzeichnete, auf dem Weltmarkt aber weiterhin als peripher wahrgenommen wurde, gab die Regierung unter Präsident Lee Myung-bak die Parole aus, Südkorea in der medialen Wahrnehmung »ins Zentrum der Welt« zu rücken. Zu einem der bevorzugten Instrumente sollte dabei die Popkultur werden. Koreanische Soap Operas wie *Wintersonate* und besonders synthetische Boy- und Girl-Groups hatten schon Jahre zuvor überraschende Erfolge auf dem asiatischen Medienmarkt erzielt, möglicherweise weil man ganz ohne *sophistication* oder Ironie Lebensmodelle anbietet, deren Narrative und Bilder sich direkt in den Alltag übersetzen lassen. Auf das Angebot »unverbrauchter« Unterhaltungskonzepte, die, gerade weil sie nicht aus der eigenen Kultur kommen, nicht nur in den asiatischen Mediengesellschaften das Synthetische und womöglich Inhaltsleere des Angebots überspielen, reagieren die Importmärkte zwar mit der gewohnten Kannibalisierung (erfolgreiche Konzepte werden so schnell wie möglich kopiert), doch gelingt es den südkoreanischen Unterhaltungswaren, ihre Identität zu wahren: Der eigentliche Inhalt von Soap Operas, Elektropop, Kinofilmen und Manhwa (die koreanische Spielart der Manga/Comics) ist ihre »Koreanischkeit«. Ebendies wiederum ruft neben der semiotischen Kannibalisierung regionale Gegenbewegungen hervor: In Tokio kam es, wie Mark Siemons in der FAZ berichtet,[5] zu Demonstrationen nationalistisch gesinnter Jugendlicher gegen das Übergewicht koreanischer Serien im japanischen Fernsehen.

Dieser sonderbare »Kulturkampf«, der längst auch solche europäischen Mediengesellschaften erreicht hat, die selbst über keine ausgeprägte Produktion verfügen oder zu viele staatliche Auflagen beachten müssen, hat gegenüber anderen »Wellen« des Popkonsums eine neue strategische Qualität, die auf »Nachhaltigkeit« abzielt und in der sich staatliche und ökonomische Interessen begegnen. Das Koreanische als Pop-Signet soll von einem kurzfristigen Wahrnehmungseffekt – der vor allem von der »unverfrorenen« Mixtur von Genres und Erzählformen ausgeht – zu einem Export-Schlüssel werden. K-Pop, der auch in Europa dabei ist, den bescheidenen Anteil des J-Pop auf dem Teenager-Markt zu übernehmen, hat neben der Koreanischkeit die radikale Auflösung des »Authentizitätsprinzips« zum Inhalt. Das Synthetische, das Gesampelte und das medial Postproduzierte wird als solches ausgestellt, weder Autoren noch Interpreten streben Unverwechselbarkeit an, stattdessen wird Perfektion sowohl in der Choreografie – bei den Auftritten der Pop Gruppen ebenso wie in den Actionszenen der Filme – wie auch im Marketing angestrebt. Aber zur gleichen Zeit entsteht eine Authentizität zweiten Grades durch die Reduktion und die »Naivität« der Performances. Man glaubt nicht so sehr an das (sehr europäische) Konzept der Authentizität der Produktion, wohl aber an die »Wahrheit« im Konsum. Das Angebot der koreanischen Popkultur an den Rest der Welt ist das Bekenntnis zur Emotion. Der Schlüssel zum Export und zur Eroberung kultureller Hegemonie auf den Medienmärkten setzt sich stets aus diesen drei Elementen zusammen: Reduktion *to the bone*, die Verständnishürden spielend überspringt (weshalb der Angriff einer Medienindustrie auf eine andere in aller Regel auf dem Markt der Kinderunterhaltung beginnt), das Anknüpfen an universale Formen von Narration und Bild und das Bedienen von ebenjenen Bedürfnissen, die aus strukturellen, sogar religiösen Gründen von einem Markt nicht erfüllt werden können und durchaus den »Exotik-Bonus« verwenden: Der »Schwedenfilm« als Maske des sexuellen Bildes, der Italowestern als Maske des Zynismus, der chinesische Martial-Arts-Film als Maske der Wiederverkörperlichung der Gewalt, Anime als Maske der Beschleunigung etc. K-Pop funktioniert also am besten auf jenen Märkten, die mit diesen drei Elementen ihre Schwierigkeiten haben: eine öffentliche Bildsprache für Sexualität, die Vorstellung von effizienter Synthetik/Ästhetik und schließlich eine direkte, sollen wir sagen: schamlose, Emotionalität, welche ganz bewusst ihre eigene Inszeniertheit genießt. (Dieses Paradoxon macht im Übrigen den sonderbaren Reiz der koreanischen Filme aus.) Alle diese Elemente werden weniger aus der Entwicklung der eigenen Kultur geschöpft als vielmehr gezielt und strategisch eingesetzt (ausgehend von einer genaueren Kenntnis der zu erobernden Märkte) und auf staatlichen Schulen für Produzenten populärer Kultur vermittelt.

Das Wesen des Distributionskapitalismus ist »die Eroberung neuer Märkte«, die flüssig in deren »Schaffung« übergeht. Diesem Übergang dient auch die Ausrichtung der Olympischen Winterspiele in Pyeongchang. Die Botschaft der südkoreanischen Bewerbung hatte (während man bei der Münchner Bewerbung Wert auf eine gewisse ökologische und soziale Verträglichkeit gelegt hatte und Sportstätten nur in gewissen Grenzen neu errichten wollte) genau darin bestanden, den Sportmarkt, insbesondere das lukrative Fernsehgeschäft, neu zu ordnen. Dass dabei keinerlei Rücksicht auf die Natur und kulturelle Gegebenheiten genommen wird, ist nicht Kollateralschaden dieses Modernisierungseffekts, sondern sein eigentlicher Inhalt.

Im Gegensatz zu München präsentierte sich Pyeongchang bei der Bewerbung gleichsam ohne Programm, dafür aber mit einer scheinbar vagen Beziehung zu einem »neuen Horizont«. »Die Präsentation der Südkoreaner zeigte jedenfalls, was diese Horizonte noch sind: inhaltsleer. Denn wer die ganze Zeit die Begriffe

›Hoffnung‹, ›Kinder‹, ›Zukunft‹ hochhält, erweckt den Eindruck, nicht mehr zu bieten zu haben. Ihr olympisches Skigebiet haben die Südkoreaner ›Alpensia‹ genannt. Manchmal geht doch nichts über das Original.«[6] Möglicherweise verbirgt sich hinter diesen scheinbar so unverbindlichen Begriffen allerdings mehr Programm, als traditionelle westliche Begrifflichkeit erkennen mag. Unter anderem beschreiben sie die große Sportveranstaltung als Teil der Kulturtechnologie für den globalen Jugendmarkt und Projektionsraum einer mittelständischen Aufstiegs- und Effizienzkultur, zum anderen wird in der Übernahme des Begriffs der »Alpen« sehr deutlich, wie man an die Stelle des Prinzips der Authentizität das Prinzip der synthetischen Rekonstruktion setzen will. Darin steckt genau das Gegenteil von Demut gegenüber dem Original, nämlich das Selbstbewusstsein der perfekten Simulation.

So wie Red Bull zum Markenzeichen und Identifikationsraum einer Mittelstandsjugend geworden ist, die einen gewissen Reichtum übernommen hat und diesen Überschuss in neue Effizienz, vor allem aber in soziale Performanz übersetzen soll, ansonsten aber weder ein politisches noch ein kulturelles Projekt finden kann, wird die koreanische Popkultur zum Markenzeichen eines aufstrebenden Mittelstandes, der sich Diskursdominanz erobern will: K-Pop dient, während er die Unterhaltungskonzepte auf die beiden Pole Emotionalität und Simplizität herunterbricht, der Demonstration aller Instrumente für den Aufstieg und die Dominanz dieses Mittelstandes. Dass die Vorführung dieser technologisch-ökonomischen Instrumente, der Telefone, Automobile, Designerkleidung, Wohnungseinrichtungen, Computer, Küchen, Uhren etc. unverhohlen als Werbung daherkommt, stört die Konsumenten so wenig wie hierzulande die Redbullisierung des Sports. Es ist im Gegenteil die eigentliche Botschaft: kulturelle Hegemonie durch Konsum.

Konsum ist von einem Ziel zu einem Medium des Klassenkampfs auf dem globalen Markt geworden. Es geht nicht mehr darum, was man sich leisten kann, sondern darum, was man konsumieren muss, um als Mitglied des oberen Mittelstandes zu gelten. Popkultur ist die politisch und ökonomisch ungefährlichste Art, den Reichtum, der in den Oligarchien angesammelt wird, symbolisch an den Mittelstand weiterzureichen, und ebenso funktioniert sie als Speicher des Reichtums, der von einer Generation an die nächste weitergegeben werden kann. (Selbst in der synthetischen Form von Red Bull und K-Pop bleibt dabei ein Rest der Ambivalenz, denn funktionieren kann eine solche Kulturtechnologie nie, wenn es nicht gelingt, auch rebellische oder wenigstens »eigensinnige« Impulse aufzuheben.)

Eine K-Pop-Gruppe definiert zugleich einen sozialen Ort (auf einem globalen Markt, paradox genug) und die Formen und Grenzen des sexuellen Diskurses. Die Strategien des K-Pop folgen einem Drei-Stufen-Modell: In der ersten Phase geht es um eine einfache Export-Übertragung koreanischer Popmythen, genau wie im globalen Bildertausch gern Produkte übernommen werden, die eine »Fremdheit« markieren. Ein Produkt der koreanischen Popindustrie kann so auf einem anderen Markt reüssieren. In der zweiten Phase verknüpfen sich koreanische Angebote mit Elementen des angezielten Marktes, und es entstehen Misch- und Dialogformen. »In der dritten Phase nun wird das Produkt von vorneherein auf einen ausländischen Zielmarkt hin mitkonzipiert, etwa indem Sänger, Choreografen oder Komponisten des betreffenden Landes einbezogen werden. So können die gleichen Stücke und Gruppen in unterschiedlichen kulturellen Versionen angefertigt werden und sich überall lokal anhören.«[7]

Die Kulturtechnologien der Unterhaltungsindustrie werden so zu Instrumenten, kulturelle Hegemonien zu erzeugen und zugleich aufzulösen. Die Eroberung und Erzeugung neuer Märkte geschieht, indem sich das Angebot gezielt auf den semiotischen, emotionalen und ökonomischen Überschuss einer Konsumentengruppe richtet, die nach den »alten« Kriterien der Identifikation und Differenz bestimmt wird: Geschlecht (K-Pop ist vor allem auf weibliche Jugendliche und Mittelstandsfrauen kurz vorm Übergang in die Endlos-Schleifen von Arbeit und Haushalt gerichtet), Klasse (das Konsumangebot erzeugt die fiktive Klasse, welcher der Konsument real angehören will), Rasse (der rote Bulle als tendenziell »nordisches«, kraftvolles und »individuelles« Körperkonzept, der K-Pop dagegen als nicht weniger eindeutiges »asiatisches«, elegant-diszipliniertes und gruppenbezogenes) und Generation (Popkultur als Befriedigung und Befriedung der Jugend und als virtueller Raum der Weitergabe von »Werten«, »Zielen« und »Verhalten«). Unterschiedlicher kann man die Kulturtechnologien von Red Bull und K-Pop kaum denken: Denn während die Besetzung der semiotischen und materiellen Räume bei Red Bull in der Tat mit Stier-hafter Aggressivität geschieht und nicht nur beim Fußballverein Austria Salzburg der Vernichtung der Archive und Löschung des kollektiven Gedächtnisses dient, erobert K-Pop sich die neuen Märkte durch Anpassung und Amalgamierung. Der Effekt ist freilich ähnlich.

II. Saint Steve – der Heilige der letzten Tage des Kapitalismus oder Wie sich die populäre Kultur eine Ikone erstellt

Bei Joseph Vogl oder Giorgio Agamben, unter anderem, kann man nachlesen, wie sich die Ökonomie aus der Theologie entwickelte: nicht nur als ideologische Glaubenslehre des Kapitalismus mit dem Markt als Natur (des Menschen) und der »unsichtbaren Hand« als göttlichem Wirken, das alle, aber gerade auch die negativen Impulse (»Gier«, »Konkurrenz«, »Materialismus«) zu einem positiven Ganzen zusammenführt. Nun scheint es, als habe dieses Phantasma durch die Finanz- und Schuldenkrisen im Großen einen gewissen Knacks bekommen. Zeitgleich aber ist die religiöse Aufladung des Kapitalismus in kleinere Narrative abgesunken. Vor allem im Fernsehen wird der Kapitalismus zunehmend als Schicksal, Soap Opera und Quiz verkauft. Und kürzlich zelebrierte die Welt den Abschied von Steve Jobs als heilige Handlung, die einen Menschen betraf, der »mehr war als ein erfolgreicher Unternehmer«. Eine mythische Gestalt, die alles, was in der Krise auseinandergefallen ist, wieder zusammenbringt. Die Heilsversprechungen des Neoliberalismus erfüllen sich nicht mehr unbedingt realwirtschaftlich, aber nach wie vor in der Gestalt von Waren, Design sowie Personen wie Steve Jobs. Die Antwort auf die Krisen des Kapitalismus ist ein iPhone. Und die unsichtbare Hand darin die von Steve Jobs. Der jetzt im Himmel ist.

Die Maschine im industriellen Kapitalismus, und dann – unter veränderten Bedingungen – im digitalen, hat vier »Herren«, die auch Diener sind (und die, obschon eher »patriarchal« abgeleitet, inzwischen durchaus weiblichen Geschlechts sein dürfen): 1. den *Erfinder* (dem eine Problemlösung geglückt scheint), 2. den *Besitzer* (der sie für die Mehrwert-Erzeugung einsetzt), 3. den *Maschinisten* (der die Maschine zu behandeln weiß und ihr Funktionieren durch seine symbiotische Arbeit an ihr garantiert) und 4. den *Verkäufer* (der ihr Ästhetik und Sinnwert gibt, sie in die öffentlichen Bilder und Narrative einspeist). In einer Vor- oder Gründerzeit des industriellen Kapitalismus kam es vor, dass alle vier Rollen – die ihre ökonomischen und technischen Impulse ebenso entwickeln wie ihre religiösen und sexuellen – in einer Person vereint waren, und ein solcher Herr über die Maschine durfte damals, vor anderthalb Jahrhunderten etwa, durchaus als »gottgleich« gelten. Später wurden dann schon Fälle, in denen zwei dieser Rollen sich in einer Person vereinen ließen, Gegenstände großer Erzählungen: ein Erfinder, der auch Besitzer seiner Maschine blieb, oder ein Besitzer, der sich noch um jede Schraube kümmerte. Doch im Wesentlichen funktioniert die Vernetzung von Maschine und Kapital, Technik, Markt und »Fortschritt« gerade durch die Trennung, und ganz nebenbei bringt man damit auch die Verantwortung zum Verschwinden: Erfinder, Besitzer, Maschinist und Verkäufer haben heute so ganz und gar andere Beziehungen zu ihren Maschinen, dass es uns nicht wundert, dass zum Beispiel eine erfundene Wunderheilmaschine als Lustmaschine verkauft, als Ordnungsmaschine behandelt und am Ende als Zerstörungsmaschine profitträchtig wird. Die Ausdifferenzierung in Erfinder, Besitzer, Maschinist und Verkäufer vernichtet zwar den heroischen Mythos des prometheischen Gründers, der der Natur die Macht und den Reichtum entreißt, um sie in seiner Maschine zu bändigen und zu kultivieren, beschleunigt aber wundersam die Kreisläufe von technologischer Innovation, Profit, Konsum und sozialer Praxis. Von Zeit zu Zeit jedoch muss der Einheitsmythos wiederauferstehen, muss eine Person sich selbst erfinden und erfunden werden, die Erfinder, Besitzer, Maschinist und Verkäufer zugleich ist. So einer war Steve Jobs. Im Leben stand er für eine besondere Methode der Unternehmungsführung und Marktmanipulation; nach dem Tod wurde er als »Ikone«, »Guru«, »Lichtgestalt«, »Michelangelo des 21. Jahrhunderts«, »Messias«, »Befreier« des digitalen Kapitalismus gerühmt, um nur ein paar noch vergleichsweise nüchterne Nachrufe zu zitieren.

Dass Apple-User zu ihren iMacs, iPods, iPhones oder iPads ein eher kultisches als rationales Verhältnis haben, ist mittlerweile schon Klischee, und dass sie in Steve Jobs mehr sahen als eine weitere Erfüllung des amerikanischen Traums (wie nebenan Bill Gates), ebenso: »Seine Jünger nannten ihn ›iGod‹. Das war nur halb ironisch‹, hieß es in der Münchener *Abendzeitung*. Und: »Die Produktvorstellungen im kalifornischen Cupertino glichen Andachten, wenn nicht Technik-Messen.«

Das Geheimnis besteht zunächst darin, Nähe zu dem großen Mann herzustellen. Darin ist *Bild* naturgemäß unschlagbar: »So grausam starb Computer-Milliardär Steve Jobs« titelt man.[9] Und Franz Josef Wagner wendet sich in seiner Kolumne direkt an den Verstorbenen im Himmel, um über die Passion – »die beiden Knochen unter den Augen ragen raus« – zur Apotheose zu gelangen: »Fliegen Sie weiter, Steve Jobs. Denn der Krebs kann Ihren Geist nicht besiegen.«

Heiligenlegenden entstehen aus einschlägigen Elementen: Auserwählung, Lehre, Sammlung der Jünger, Wunder/Erlösung, Prüfung/Verrat, Vollendung, Passion, Tod und Wiederauferstehung, Vermächtnis, Gemeinde. Und es ist nicht überraschend, mit welchem Feuereifer populäre Medien an so einem Mythos arbeiten:

Die Auserwählung: Das Kind einer amerikanischen Studentin und eines syrischen Gastprofessors, das zur Adoption freigegeben wird und in den »bitterarmen« Verhältnissen eines Arbeiterhaushalts aufwächst, ist ein Selfmademan ohne College-Abschluss, dessen Tätigkeit natürlich in der Garage der (Stief-)Eltern beginnt. Immerhin wird auch in den boulevardesken Nachrufen seine Hippie-Zeit (komplett mit Indienreise und LSD-Trip) erwähnt: »Wer das nie erlebt hat, wird mich nie ganz verstehen.« Wir müssen glauben, dass Steve Jobs die Wiedergeburt des Kapitalismus aus dem Geist der jugendlichen Dissidenz ist, Erneuerung schlechthin in allen Belangen. Die erste Phase dieses Messianismus beschreibt der einstige Mitarbeiter Andy Herzfeld: »Steve wollte aus den Computern, einst Instrumente der Autorität, Instrumente der Befreiung machen, zugänglich für jeden.« Eines der wichtigsten Mittel dazu war das, was man als »Benutzerfreundlichkeit« bezeichnet, eine Entspezialisierung, Entintellektualisierung, am Ende Enttextualisierung des Gebrauchs. Steve Jobs, das war der Mann, der uns das Wischen statt des Schreibens bringen würde.

Die Lehre: Jobs wird zum Propheten des »menschlichen Faktors«. Er gibt den Menschen, was ihnen hilft. Die Erlösungslehre von Steve Jobs ist denkbar einfach: digitale Technologie »benutzerfreundlich« und mit einladendem Design von einem Anbieter mit »charismatischer Führung« und »sektenähnlicher« Kundenbindung. »Mit ihm«, heißt es im Gastkommentar von René Obermann im *Handelsblatt*,

> »kam der ›digitale Lifestyle‹, graue Elektronik wurde durch Design verzaubert. Apple wurde zur Kultmarke, zum unverzichtbaren Statussymbol für viele. Und Steve Jobs verringerte die digitale Kluft zwischen den Generationen. [...] Bedeutende Innovationen werden oft nur gegen viele Widerstände und Skeptiker geschaffen. Ich habe in meinem Leben bisher keinen Innovator kennengelernt, der so konsequent seinen Weg gegangen ist wie Steve Jobs. Und keinen, der eine so starke Unternehmenskultur erschaffen hat. Seine Handschrift wird das Unternehmen Apple noch lange prägen.«

Titel dieses Gastnachrufes: »Der Verzauberer«. Und wir wissen, wo solche Botschaften, außerhalb der Apple-Stores, gut ankommen.

Die Sammlung der Jünger: »Man trifft ihn und man hört ihm zu. Und dann will man so oft wie möglich in seiner Nähe sein«, zitiert man Jobs' Biografen Alan Deutschman.[11] Mit Jobs bekam das Onkel-Dagobert-Hafte, das Sinnliche des Kapitalismus noch einmal ein Gesicht, ein Kerl, der sich nichts aus Äußerlichkeiten macht, einen, an dessen Turnschuhen den Blogger-Fans die »tagealten Grasspuren« auffielen, wie die *Augsburger Allgemeine* berichtet,[12] der allerdings nicht dem Bild des üblichen Wohltäters entsprach: »Auch Investmentlegende Warren Buffett habe Jobs nicht für seine Milliardärs-Spendeninitiative gewinnen können.« Man muss Mitglied der Gemeinde sein, um diesen Menschen zu verstehen. Auf dem Blog Tech Republic liest man: »In 100 Jahren werden die Leute immer noch Steve Jobs dafür bewundern, wie er die Welt verändert hat, indem er die Technik humanisiert hat.«

Prüfung/Verrat: Kaum ein längerer Nachruf ohne die Geschichte der großen Prüfung: Mit dem Pepsi-Cola-Manager John Sculley holt sich Steve Jobs den Judas ins Haus, der ihn aus dem Unternehmen drängt, bis er 1997 triumphal zurückkehrt und die Firma von einem Erfinder- zu einem Lifestyle-Zentrum umformt. Schon weniger gern hört man, dass Jobs dann mit Gil Amelio, dem Mann, der ihn zurückholte, genauso verfuhr. Doch dieser Heilige muss aus dem Tempel des digitalen Kapitalismus eben all jene vertreiben, die die reine Lehre und den einzigen wahren Herrscher infrage stellen. Und dazu gehört eben auch die Rolle des strafenden Gottes, die wir in einer Reportage aus dem »Allerheiligsten« erahnen dürfen, als der Online-Dienst MobileMe beim Vorführen versagt, was in eine »Beschimpfungsorgie« mündet; Jobs war derjenige, der alles »bis zur letzten Schraube« kontrollierte und der seine Mitarbeitet oft mit »brachialen Mitteln« beherrschte. Wie aus schlechten Filmen wirken die Geschichten von den Demütigungen vor versammelter Mannschaft: Jede »Liebe« zu Steve Jobs musste masochistisch sein. Der Demokratisierer und Befreier war selbst ein gewaltiger Tyrann, der seinem cholerischen Temperament nie Zügel anzulegen versuchte. Selbstredend maßte er sich jede Erfindung seiner Untergegeben an, bei allen Apple-Patenten steht Jobs als »Co-Inventor« mit verzeichnet. Er war der Gott. Gefragt, ob er vor der Einführung eines Produktes Marktforschung betreiben lasse, antwortete er: »So einen Quatsch brauchen wir nicht.« Steve Jobs hat viel von Hollywood gelernt.

Die Erscheinung: Der Heilige muss zur Ikone werden, und zwar wörtlich. So heißt es etwa in der FAZ:

> »Was Jobs zum unternehmerischen Visionär und zugleich zur globalen Ikone werden ließ, waren sein Gespür für die Aufnahmebereitschaft des Marktes für neue Entwicklungen und sein Verkaufsgenie: Seine neuen Produkte pflegte er in Existentialistenkluft aus Jeans und Rollkragenpullover vorzustel-

len und nicht in der Krawattenuniform herkömmlicher Industriekapitäne.«[13]

»Existentialistenkluft«? »Industriekapitän«? Aus welcher mythischen Vergangenheit weht dieses Lüftchen? Wenden wir das Blatt. Der auf sein Äußeres scheinbar so wenig Wert legende Jobs wurde natürlich auch zur Stil-Ikone, wie die FAZ in einem anderen Segment zu berichten weiß: Seit seinem Tod

> »sind die Bestellungen schwarzer Rollkragenpullover des Labels St. Croix in die Höhe geschnellt. ›Die Nachfrage hat sich seit Mittwoch fast verdoppelt‹, berichtete ein Unternehmenssprecher dem Internetportal ›tmz.com‹. Jobs hatte in den Jahren vor seinem Krebstod ausschließlich den ›black mock‹ des Modelabels zu Jeans und Turnschuhen getragen.«

Und: »Die Modefirma teilte jetzt mit, sie werde der amerikanischen Krebsgesellschaft in Erinnerung an Jobs in den kommenden Tagen für jeden verkauften Pullover 20 Dollar spenden.« Auf der Website des Unternehmens sehen wir ebenfalls einen virtuellen Grabstein für Jobs, zusammen mit dem Text: »Wir beklagen den Verlust des Apple-Mitbegründers und Visionärs Steve Jobs – eines großen Erneuerers und Fans von St. Croix. Jobs verstand es, großartiges Design und fortschrittliche Technologie zu unvergleichbarer Qualität zu verbinden.« (Der Black Mock kostet übrigens 175 Dollar; das klassische Modell war nach Jobs Tod bald ausverkauft, man konnte es jedoch vorbestellen.)

Es ist wesentlich, dass Steve Jobs zur Ikone wird: Technologie mit menschlichem Antlitz, die Versöhnung, ja gegenseitige Erhöhung von Digitalität und Entertainment müssen sich bildhaft ausdrücken. Das *Handelsblatt* zeigt auf dem Titel ein Jobs-Gemälde, nur mit den Lebensdaten. »iSad« steht auf dem Cover der *Financial Times*, die ebenfalls von einem Porträt (im iPad-Rahmen) dominiert wird. Dort heißt es: »Er hinterlässt eine Frau und vier Kinder. Doch irgendwie hinterlässt er auch uns alle.« Und: »Wir leben sein Lebenswerk, das nun sein Vermächtnis ist.«

Und so wollen wir ihn haben, den magischen Kapitalisten, so wie er in der *Süddeutschen Zeitung* beschrieben bzw. im Buch *Steve Jobs: iLeadership* des einstigen Apple-Managers Jay Elliot nacherzählt wird.[14] In Szenen wie der folgenden etwa, in der beschrieben wird, »wie der Unternehmer sich freute, wenn einem Gesprächspartner die Qualität der von Jobs getragenen Porsche-Armbanduhr auffiel und er den Chronometer (Wert: 2000 Dollar) daraufhin dem Lobenden schenkte. Minuten später trug Jobs das nächste Exemplar am Handgelenk. Er verwahrte viele dieser Uhren in seinem Büro.«

Vollendung: »Sein Werk ist übermenschlich«, sagt Mathias Döpfner, Vorstandschef der Axel Springer AG, laut *Bild*. Er ist »das Gesicht einer Ära« (*SZ*). In der *Welt* dagegen heißt es: »Er war ein Philosoph, ein Visionär, ein Seher, ein IT-Messias, ein Mann, der wusste, was er wollte, bevor wir es wussten.«

Appleismus ist eine Religion geworden, der Tempel des digitalen Liberalismus und Anarchokapitalismus. Vor den Apple Stores wurden, ähnlich wie bei Lady Diana und Michael Jackson, Kerzen und Bilder, natürlich Äpfel, Herzen und Botschaften wie »Steve Jobs' Idee wird weiterleben« niedergelegt. Der *Economist* stellt ihn auf seiner Titelseite mit einem Heiligenschein und in Christus-Pose dar. Der *Spiegel* bezeichnete ihn nur wenig dezenter als »Philosoph des 21. Jahrhunderts«. Was bei anderen Unternehmern als unmöglich oder wenigstens unsympathisch empfunden worden wäre, bei Jobs war es Teil der magischen Persönlichkeit. »Tolle Produkte sind keine Kinder der Demokratie – man braucht einen kompetenten Tyrannen«, so wird Jean-Louis Gassée, auch ein früherer Apple-Mitarbeiter, von der SZ zitiert.

Das Vermächtnis: »Seine Computer-Kunst prägte eine neue Epoche. Sein Denkmal ist ein angebissener Apfel.« (*Bild*) Steve Jobs ist das Symbol dafür, dass all der Quatsch von wegen Teamwork, flache Hierarchien und innerbetriebliche Schwarmintelligenz bloß Gedöns war, weil »es dann eben doch den einen Lenker braucht, der seine Vision notfalls gegen alle Widerstände durchsetzt und den die Kunden dafür lieben. So sehr, dass sie für ein paar Gigabyte mehr Speicher 100 Dollar und mehr Zuschlag zahlen, obwohl der Großhandelspreis nur einige Dollar beträgt. Steve Jobs wird Apple fehlen.«

Verzauberung und Magie, das sind Begriffe, die in der ökonomischen und technologischen Debatte sonst selten explizit werden. Bei Apple stehen sie im Zentrum. »Thanks for all the Magic«, steht auf einem weißen Apfel in einem Apple-Store. »In den Apple-Stores kam es zu religiös anmutenden Szenen«, berichten die Korrespondenten.

Die Apotheose: Ein Steve Jobs kann nicht sterben. »Millionen leuchtende Äpfel weltweit verkünden, dass Steve Jobs weiterlebt. Oder wie er sagen würde iLive.« Die Heiligsprechung war beschlossene Sache, wenn auch zunächst mit den Mitteln der Karikatur: Steve Jobs wird in beinahe allen Zeitungen im Himmel gezeigt, wo er Gott gute Ratschläge, etwa zur Benutzerfreundlichkeit der Zehn Gebote, gibt. Und die beiden haben ein offensichtlich brüderliches Verhältnis zueinander. Auf dem Titel der *Wirtschaftswoche* wird Jobs mit dem iPad, gezeigt, in Stein gemeißelt wie ein Moses des digitalen Zeitalters: »Das Vermächtnis. Was Unternehmen von Steve Jobs lernen können.«[15]

Schon wenige Tage nach seinem Tod, nach der allseits als enttäuschend empfundenen Präsentation des iPhone 4S durch seinen Nachfolger Tim Cook, zeigt sich der *Süddeutschen Zeitung* die Nachhaltigkeit der Apotheose: »Woanders heißen Käufer Kunden – bei Apple sind es Jünger. Steve Jobs war ihr Guru, der Apple-Shop ihr Altar. Der Griff nach dem neuesten iPhone kann auch als der Versuch einer Trauergemeinde gewertet werden, sich Erinnerung zu bewahren.« Und dies ist der Fels, auf dem ich die Kirche des Apfels bauen werde: Kauft zu meinem Angedenken. Kauft und fragt nicht nach dem Preis-Leistungs-Verhältnis. »Jobs wusste oft als Einziger, welche Produkte die Menschen zu welchem Zeitpunkt wollen.« (FAZ)

Der Fels der Kirche: Über den noch von Jobs auserkorenen Statthalter auf Erden heißt es im *Handelsblatt*:

> »Es war das letzte Geschenk, das Steve Jobs den Aktionären hinterließ. Dass er am 24. August seine Nachfolge regelte. Und

zwar in einer Art und Weise, die nicht nur dem Kurs nicht schadete, sondern wie man sie gerade in diesem Fall, in dem der Firmenchef quasi als Alleinschaffer der Firma und ihres Erfolgs gilt, für unmöglich hielt. Dabei spielt zunächst auch keine Rolle, dass Tim Cook, der Nachfolger, schon bei der ersten Produktpräsentation bestätigt hat, dass er Jobs' Rolle nicht ausfüllen kann.«[16]

Ganz schnell ist auch das entsprechende *Frankfurter-Allgemeine-*Buch auf dem Markt, *Big Apple. Das Vermächtnis des Steve Jobs.* In der Verlagsankündigung heißt es:

> »*F.A.Z.*-Redakteur Carsten Knop hat Steve Jobs und Apple seit 1999 journalistisch begleitet und darüber ein besonderes Tagebuch geführt. Jobs hat unser Leben auf Jahrzehnte hinaus verändert. Lesen Sie, wie alles anfing, was Apple so besonders macht, wer die Weggefährten von Steve Jobs waren und warum ein Leben ohne ›i‹ heute nicht mehr möglich zu sein scheint. Denn Apple ist überall.«

Der letzte Satz in Rot. *Mene mene tekel u-parsin*, gezählt, gezählt, gewogen, zerteilt. Das Königreich der letzten Tage wird geteilt.

Doch dieses Königreich, wenn auch geteilt unter den Jüngern (mit absehbaren Folgen), wird sich über die Welt verbreiten bis zum Ende aller Tage. Daher darf auch das nicht fehlen: »Das ist das erste Mal, dass mich der Tod eines Ausländers hart trifft«, wird ein chinesischer Blogger zitiert, in »einem von mehr als sechzig Millionen Kommentaren, die beim chinesischen Kurzmitteilungsdienst Sina-Weibo zu dem Ereignis eingingen«. Wir erfahren: »Die Apple-Geräte sind in den letzten Jahren zu bevorzugten Statussymbolen der chinesischen Mittelschicht avanciert und wurden zu einem umkämpften Objekt auf dem nationalen Schwarz- und Kopiermarkt.« Aber weiter: »Die Staatszeitung *China Daily* zitiert eine Künstlerin namens Yi Ran, die den Verstorbenen in eine noch weitere historische Perspektive rückt: ›Es gibt nur drei Äpfel in der Welt, den von Eva, den von Newton und den von

Jobs'.« Nun ja. Wir wissen nicht, ob es sich bei dieser Yi Ran um die Popsängerin gleichen Namens handelt oder ob nur einer Fantasie-Figur zugeschrieben wurde, was vordem bereits ein gewisser Robert Umpleby auf Twitter verbreitete. Das Apfelgleichnis ist einfach zu universell, um einen einzelnen Autor in einem einzelnen Land zu haben ...

Man wird kritischere Töne finden, das Denkmal wohl bald schleifen – so sind die Gesetze der Medien. Man wird daran erinnern, dass Apple, für eine Zeit die wertvollste Marke der Welt (153,29 Milliarden Dollar), seinen Aufstieg einer Unternehmensphilosophie verdankt, die sich aus Umweltschutz, Arbeits- und Menschenrechten, aus Fairness gegenüber Mitbewerbern, letztendlich sogar aus Ehrlichkeit gegenüber den Kunden nicht viel machte. Das Messianische seiner Person und seiner Waren setzte Jobs gezielt ein (zum Beispiel in Werbeclips, in denen die Konkurrenzprodukte als Agenten des bösen orwellschen Überwachungsstaates und die hellen, de facto genauso orwellschen Apple-Produkte als Subjekte des Widerstandes gezeigt werden). Die Apple-Fertigung findet größtenteils in Asien statt, etwa bei der taiwanesischen Foxconn, die für ihre unmenschlichen Arbeitsbedingungen (2010 sollen sich innerhalb weniger Monate 14 »Mitarbeiter« umgebracht haben) berüchtigt ist. 2003 kam es zu einer Sammelklage gegen Apple, die Kläger sahen in der kurzen Lebensdauer der Akkus einen Fall von »geplantem Verschleiß«. Auf Kritik von Greenpeace reagierte Jobs mit der Kampagne »A Greener Apple«, welche die Verwendung toxischer Stoffe bei der Computerherstellung zu reduzieren versprach. Greenpeace aber blieb dabei: »Apple does *not* best on the toxic chemicals critera.« Der Fall der rückdatierten Aktienoptionen für hochrangige Apple-Mitarbeiter schließlich führte im Jahr 2006 zum Rücktritt des Finanzchefs der Firma. Steve Jobs freilich beteuerte, nicht gewusst zu haben, welche enormen Vorteile diese illegale Praxis auch ihm persönlich bringe (ein Unwissen, um das wir ihn so sehr beneiden, dass wir es ihm fast schon abnehmen). Zugegeben hat er dagegen immer mal wieder, gelegentlich bei anderen geklaut zu haben (für seine mausgesteuerten Benutzeroberflächen müssten heute, wenn es in dieser Branche seriös zuginge, viele andere wenigstens ein paar Millionen bekommen), allerdings nie ohne den Hinweis darauf, dass nur Dilettanten imitieren, wahre Genies dagegen stehlen.

Die Heiligsprechung des Steve Jobs sagt durchaus etwas über den Zustand einer Gesellschaft aus, in welcher der Besitz eines Apple-Geräts den einer Persönlichkeit ersetzen kann und in der von der großen kapitalistischen Fortschrittserzählung nur die Popstar-/Sektenvariante bleibt. »Der Tod eines Unsterblichen« wird im *Handelsblatt* beklagt. »Er war allen immer voraus, nicht nur einen Schritt, einen Gedanken – sondern oft Jahre. Kein weltlicher Zeitgenosse hat ihn zeitlebens eingeholt.« Wie ist es mit den überweltlichen? In der FAZ wird er schließlich wieder zur »Lichtgestalt der Technologiebranche«. »Vielleicht«, versteigt sich wiederum das *Handelsblatt*, »ist er mit einem wie Mahatma Gandhi vergleichbar, dem indischen Widerstandskämpfer, der 1947 die britische Kolonialmacht bezwang. [...] Beide hatten eine Botschaft für die Welt: Die von Gandhi lautete Frieden und Freiheit. Und die von Jobs lautete: Freiheit – und Perfektion.« Diesen Vergleich hätte selbst Jobs wohl für schwachsinnig gehalten. Aber damit nicht genug: »Jobs war der Beweis dafür, dass Amerikas Industriegeschichte (durch die Finanzkrise) nicht beendet, sondern nur unterbrochen war, die De-Industrialisierung, die das Land in weiten Teilen quält, kein unvermeidliches Schicksal sein muss.«[18]

Und jetzt? Natürlich ahnt man, dass nicht nur die Apple-Kirche schwereren Zeiten entgegengeht, sondern dass sich auch das Erlösungswerk des Steve Jobs als Illusion erweisen wird. Der Fels ist brüchig, auf dem diese Kirche errichtet ist; womöglich ist es Sand. »Göttlich und gefährlich« nennt die *Süddeutsche Zeitung* in ihrem Nachruf im Wirtschaftsteil das: »Der Chef eines Weltkonzerns muss jedes neue Produkt persönlich vor den TV-Kameras der Welt anpreisen.« Möglicherweise hat er diesen Typus des Unternehmers auch »erfunden«. »Den Gläubigen war egal, dass sie ihre Apple-Spielzeuge überteuert kauften. Die Pods und Pads sind von erlesenem Design, leicht bedienbar, ein nettes Gesprächsthema bei Tisch und ein sicherer Image-Zugewinn für den Besitzer. Er wollte eine eigene Welt schaffen, wie Gott.« Nun kippt das

Messianische ins Apokalyptische: »Jetzt müssen Aktionäre und Mitarbeiter um ihre Zukunft bangen. [...] Sie müssen ein Unternehmen führen, das wie eine Sekte vollständig auf den charismatischen Chef zugeschnitten war. [...] Spätestens jetzt muss jedem klar sein, dass der Apple-Erfolg eine Blase ist.«

Denn nun bricht die mythische Einheit wieder auseinander, die Troika, der Maschinist, der Verkäufer und der Designer werden um die Macht kämpfen und die Besitzer und Profiteure in den Nebeln des Finanzkapitalismus verschwinden. Doch einen Traum wird man so leicht nicht wieder los. Zum literarischen Vermächtnis von Steve Jobs wird die in Endlosschleifen zu Tode zitierte Rede vor den Studenten in Stanford im Jahr 2005: »Ihre Zeit ist begrenzt, also verschwenden Sie sie nicht. Lassen Sie sich nicht von Dogmen in die Falle locken. Lassen Sie nicht zu, dass die Meinungen Anderer Ihre innere Stimme ersticken. Am wichtigsten ist es, dass Sie den Mut haben, Ihrem Herzen und Ihrer Intuition zu folgen. Alles andere ist nebensächlich.« Der da sprach, war vermutlich wirklich so etwas wie der Kleine Prinz des piratischen Digitalkapitalismus. Und so zeigen ihn auch die Bilder: Der Apfel ist sein Planet, und Jobs ist auf ihm präsent, als Silhouette, als Kontur des »abgebissenen Teils«, in seinem Orbit, der Prinz, der Technik menschlich machte und Kapitalismus stylish. Ein Märchenbuch wird zugeklappt.

III. Prevolution
oder Der Aufstieg des Econotainment

In der populären Mythologie sieht die vorletzte Gemeinheit des Kapitalismus ungefähr wie folgt aus: Die Zocker im großen Kasino haben sich in ihrer Gier übernommen, und weil sie »frisches Geld« zum Weiterzocken brauchten, haben sie die Betreiber des Kasinos, die von ihnen abhängigen Regierungen, gezwungen, ihnen welches zu besorgen. Die Regierungen haben es von ihren Bürgern genommen, und die Zocker machen genau so weiter wie zuvor. Weder Kontrolle noch Selbstkontrolle scheinen zu greifen. (UPS, sagt eine Schweizer Bank, da hat doch einer unserer Mitarbeiter im Nebenhinein zwei Milliarden verzockt. Na ja, das bereinigt der Finanzmarkt im Nu.) Und weil die Zocker jetzt wissen, wie »systemrelevant« sie sind, treiben sie es nun noch etwas schlimmer. Die Bürger schauen mit fassungslosem Grimm auf das Kasino. Sollen sie zornig sein, weil es so weitergeht wie vorher? Oder weil sie wieder mal nicht mitspielen?

Fast nichts habe sich geändert nach der Krise, sieht man von den hilflosen Versuchen der Regierungen ab, das wild gewordene Spiel hier und dort ein klein wenig zu dämpfen. Schutzschirme hier, ein Verbot von »Leerverkäufen« dort. War das nicht der Handel mit Aktien, die man gar nicht hat? Oder Wetten darauf, dass etwas an Wert verliert oder sonst was Unmoralisches? Und dann gibt es noch die Hedgefonds. Sinnbilder dafür, dass sich der Kasinokapitalismus äonenweit von jenem redlichen Kaufmannsgeist entfernt hat, aus dem er einst entstanden sein soll. Vor der Krise kannten wir für so was nicht einmal die Worte.

Und sonst hat sich seither nichts geändert? Doch. Geblieben ist das allfällige Sprechen über die Krise, ein mediales Grundrauschen, ein Drang nach Information, Erklärung, Bild.

Die Krise hat die Wirtschaftsnachricht auf- und die politische Nachricht abgewertet. Aber natürlich ist da kein kontrollierender Blick auf das Kasino entstanden, keine kritische demokratische Öffentlichkeit, die womöglich dessen Schließung, zumindest aber strengere Regeln *und deren Durchsetzung* verlangt. Im Gegenteil: Um das Kasino gegen den Volkszorn oder Neid zu schützen, öffnen die Medien ihre Pforten. Nur hereinspaziert, sagen die Tickermeldungen, die Börsensendungen vor der *Tagesschau*, die Wirtschaftsnachrichten der *Bild*-Zeitung, es ist alles gar nicht so kompliziert. Jeder kann mitmachen, jedenfalls mitreden, hier dreht sich das Glücksrad, und hier gibt es, wie Ihr es aus Euren Soaps und Casting Shows gewohnt seid, die Guten und die Bösen, das gütige Schicksal und »Shit happens«. Ökonomie ist auch nur ein Reality-Format.

So wird der Überdruck des Krisenzorns nicht bloß kontrolliert abgelassen, sondern in die Energiekreisläufe zurückgespeist. Der Zorn auf den Kasinokapitalismus löst sich im Vergnügen eines medialen Mitmach-Kapitalismus auf, wobei durchaus noch Platz für Aggressionstherapien bleibt. Dazu bedarf es zunächst einfacher Sinnbilder. Warum wirft man nun, nach den »gierigen Heuschrecken«, dem Publikum etwa die Ratingagenturen vor, nebst den »faulen« Griechen, die »über ihre Verhältnisse gelebt« haben?

Der klassische Kampagnen-Journalismus der Unterhaltungspresse führte zu einem nahezu geschlossenen Weltbild rund um eine Krise, deren horizontale Ursachen in die Vertikale gekippt werden. Der gute, hart arbeitende Deutsche wird als Opfer des faulen, korrupten Griechen angesehen.

> »Angetrieben von den wachsenden anti-europäischen Ressentiments hat sich der Boulevard – der sowohl den Puls des Volkes fühlt als auch die Wirkung dessen, was dort gedacht wird, zu verstärken weiß – auf den Feldzug begeben. Die Titelzeile ›Nehmt den Griechen den Euro weg!‹ ist der vorläufige Höhepunkt einer *Bild*-Kampagne, in deren Verlauf den ›Pleitegriechen‹ von Politikern schon geraten wurde, einen Teil ihrer 3000 Inseln zu verkaufen. Die Forderung ›Schmeißt die Griechen raus‹ ist ein geflügeltes Wort geworden. ›Jetzt reicht es uns!‹ formuliert *Bild* auch noch, als hätten die Deutschen ihr Urteil gesprochen.«

War sich diese Mobilisierung des Volkszorns nach bekannten Vorbildern ihrer Beziehung zur offiziellen Politik bewusst?

Für die nachhaltige Wirkung einer solchen gezielten Kampagne sorgen gewisse Transformationsmittel zwischen Trash-Medien, ökonomischer Oligarchie und offizieller Politik: Schwerlich ist die »bürgerlich-demokratische Presse« in diesem unseren Lande noch zu retten. Wie auch? In einer Presse-»Landschaft«, in der die *Bild*-Zeitung und ihre Hetzkampagne von einer »unabhängigen« Jury im Jahr 2011 mit dem Herbert Quandt Medien-Preis für ihren »exzellenten Wirtschaftsjournalismus« ausgezeichnet wird, ist mit allem zu rechnen. Die Herbert Quandt-Stiftung gibt sich auf ihrer Homepage erst mal etwas vage:

> »Den Bürger stärken – die Gesellschaft fördern
> Gestiftet als Dank für die Lebensleistung des Unternehmers Dr. h. c. Herbert Quandt setzt sich die Herbert Quandt-Stiftung für die Stärkung und Fortentwicklung unseres freiheitlichen Gemeinwesens ein. Ausgangspunkt ihres Handelns in den Satzungsbereichen Wissenschaft, Bildung und Kultur ist entsprechend diesem Vorbild die Initiativkraft des Einzelnen und die Einsatzbereitschaft für Andere. Die Stiftung will mit ihrem Wirken dazu beitragen, das Ideal des eigenständigen Bürgers zu fördern: Sie möchte Menschen anregen, ihre individuellen Begabungen zu entfalten und Verantwortung für sich sowie für das Gemeinwesen zu übernehmen.«

Das ist natürlich Blubberquax. Doch selbst dazu will kaum passen, dass eine durchsichtige Kampagne zur Entmündigung und Denunziation der Menschen eines Landes, über das (wenn zwar mit der Hilfe des Geldes ihrer Bürger) eine deutsche Regierung im selbsterteilten Auftrag einiger ihrer größten Konzerne herfällt, um es zu zwingen, die Reste seines Vermögens an ebendiese zu verhökern, als »exzellenter Wirtschaftsjournalismus« bezeichnet wird. Der Jury gehören der Chefredakteur der *Wirtschaftswoche*, der Intendant des Hessischen Rundfunks und der Chefredakteur des Berliner *Tagesspiegel* an. Bürgerliche Medien, wie man so sagt.

Vielleicht muss man dann doch noch einmal genauer die Homepage der Johanna-Quandt-Stiftung (die gibt es nämlich zusätzlich) ansehen, die den Herbert Quandt Medien-Preis vergibt:

> »Die Johanna-Quandt-Stiftung wurde 1995 von Frau Johanna Quandt gegründet. Die Stiftung wird getragen von der Überzeugung, dass Unternehmer und Unternehmen als wichtige Säulen der marktwirtschaftlichen Ordnung einer gesellschaftlichen Akzeptanz bedürfen. Die Johanna-Quandt-Stiftung setzt sich dafür ein, das Verständnis für die marktwirtschaftliche Ordnung und für die Bedeutung des privaten Unternehmertums als Träger der wirtschaftlichen Entwicklung in der Öffentlichkeit und den Medien zu fördern.«

So wird die Sache doch schon etwas klarer: »Exzellenter« Wirtschaftsjournalismus hat nichts mit »gutem« zu tun. Denn wenn die Aufgabe darin besteht, »die gesellschaftliche Akzeptanz von Unternehmern und Unternehmen« zu fördern, dann ist die Drecksarbeit von *Bild* in der Tat »exzellent«. Sie fördert die gesellschaftliche Akzeptanz dafür, dass deutsche Unternehmen über zwangsprivatisierte griechische Firmen herfallen können. Denn Heuschrecken sind zwar schlecht im eigenen Feld, aber gut im Feld des Nachbarn. Wenn wir uns schon Sozialabbau und Altersarmut gefallen lassen, dann sollen das die Griechen gefälligst auch tun. Hängen sowieso den ganzen Tag nur in der Sonne rum.

Obwohl also einigermaßen durchschaubar ist, wie eine Quandt-Stiftung und ein Preis für »exzellenten Wirtschaftsjournalismus« zusammenhängen, ist es doch schmerzhaft, das Brechen bürgerlich-demokratischer Rückgrate so deutlich zu hören. Und wir haben einen Verdacht: Die schämen sich nicht einmal. Denn das Ziel, das über die schiere Propaganda hinausgeht, ist letztendlich erreicht: die Verwandlung politisch-ökonomischer Brutalität in ein (nicht weniger brutales) Entertainment-Narrativ.

Es ist sehr einfach: Die Ratingagenturen sind mitnichten so mächtig, dass sie einen entschlossenen Investmentbanker beeinflussen könnten. Man hat sich zugleich ein Instrument, einen Spiegel und einen Sündenbock geschaffen (einen Spiegel, der Monsieur Le Capitalisme so zur fiesen Raserei treibt, wie der Spiegel die böse Hexe in *Schneewittchen*). Die Ratingagenturen sind, übrigens auch was die Durchschnittsgehälter ihrer Mitarbeiter anbelangt, die »Kleinbürger« im globalen Finanzkapitalismus. Man stellt sie sich ein wenig wie griesgrämige Buchhalter mit Ärmelschonern vor, die den hochfliegenden Unternehmerträumen immer wieder mit realistischen Zahlen begegnen und eine diebische Freude daran haben, mit schlechten Zahlen gute Laune zu verderben. Aber natürlich sind Ratingagenturen auch »Erzählung« genug, um noch beim ökonomisch Ungebildetsten anzukommen: Wir sind es gewohnt, in unseren Zeitschriften und andern Unterhaltungsmedien kaum noch etwas in Stories, sondern in Listen und eben Ratings ausgedrückt zu finden. Die hundert besten Heringsmenüs, die zehn Großromane, die man schon immer als »überschätzt« eingestuft haben wollte, das Dutzend allerbester Ausreden fürs Zuspätkommen. Das Rating ist die narzisstische Introspektion eines Systems, das sich nicht mehr entwickeln kann. So wie jemand, dem nichts mehr einfällt, außer das Angesammelte immer wieder neu zu sortieren. Ein Rating verstehen wir daher sofort, und das Rating der Ratingagenturen scheint noch einfacher als das der Heringsmenüs. AA+! CCC-! Gibt es etwas Einfacheres? Daher ist auch ihre Schuld sehr einfach festzustellen. Ab heute ist nicht mehr die »Gier«, sondern die Ratingagentur schuld an allem, was schiefläuft. Sie stuft ein Unternehmen oder gleich einen Staat herunter, und prompt geht er bankrott. Eine Lösung wäre daher die Gründung einer eigenen Ratingagentur. Gute Ratings gegen böse, unsere gegen die der anderen. Am Ende versucht eine Volkswirtschaft, die andere in den Ruin zu »raten«, so wie vorher ein Konzern den anderen durch eine Ratingagentur, die merkwürdigerweise mehrheitlich ebendiesem Konzern gehört, dessen Führer mit treuherzigem Augenaufschlag erklärt, er sehe darin so wenig einen Interessenkonflikt wie Herr Berlusconi zwischen Regierungsamt und TV-Hegemonie.

Ratingagenturen und ihre offenbar naturgegebene Medialität erscheinen in der Erzählung des Kapitalismus gerade zur rechten

Zeit, um die Transformation des Kasinokapitalismus in den Medienkapitalismus zu forcieren. Jener hatte sich durch drei Elemente geschützt:

Zunächst durch die Architektur des Kasinos selbst. Da kam nicht jeder rein, da war man unter sich. Man musste richtig angezogen sein und die richtigen Freunde haben, um mitspielen zu können, und man musste die sich beständig ändernden Regeln des Spiels verstehen und die richtigen Leute mit kleinen Geschenken gewinnen. Das ist doch viel zu kompliziert für euch, sagten die Zahlentabellen, Kuchengrafiken und Diagramme in den Wirtschaftsnachrichten; da mitspielen heißt Sachverstand haben, mathematische Abstraktion, intellektuelle Schwerstarbeit, wenn auch an Mahagoni-Schreibtischen und bei guten Zigarren, und die fesche Sekretärin ist praktischerweise auch die Geliebte, kennt man ja aus dem Fernsehen. Das Spiel des Kasinokapitalismus verstand sich zugleich als »Wissenschaft«, und dementsprechend standen gut gekleidete, hochnäsige »Experten« zwischen den Spieltischen herum und erklärten das Spiel zur Welt und die Welt zum Spiel. Vor allem erklärten sie den Nicht-Experten zum Nicht-Spieler. Aber es verstand sich auch immer als sündiges Spiel. Wer im Kasino drin war, der war auch irgendwie zwielichtig, und ein braver Kleinbürger, der draußen bleiben musste, konnte sich sagen: Bei diesem schmutzigen Spiel mache ich nicht mit. Ich habe meinen Bausparvertrag und meine Riesterrente und meine Autofinanzierung, und damit hat es sich für mich dann auch mit dem Finanzkapitalismus.

Damit war – zweitens – für die Exklusivität der Kasino-»Elite« auch auf semantische Weise gesorgt. Wer zum Mitspielen berechtigt ist, muss etwas davon verstehen, den erkennt man an der Sprache, der weiß, warum man nicht zu viel Eigenkapital haben darf und wie man ein Portfolio zusammenstellt. Und er hat keine Probleme damit, dass das Spiel nicht nur ungerecht und unsauber, sondern auch parasitär ist.

Drittens muss freilich noch dafür gesorgt sein, dass die Spieler eine ausreichende Bonität nachweisen. Wer spielen will, braucht Kapital, egal woher. Kasinokapitalismus braucht den inneren Kreis der Eingeweihten und Verschworenen. Und verlangt danach, dass das Kleingeld irgendwo draußen schon gesammelt wird. Am besten gleich durch den Staat, aber wenn es aus Hinterzimmern von Pizzerien oder von gutgläubigen Kunden unglaublich seriöser Beraterfirmen stammt, bitte sehr. Am Ende zählt bloß, dass Kapital, wo immer es »erwirtschaftet« wurde, ins Kasino getragen wird. Kleingeld (also alle Beträge unter dem, was unsere Freunde drinnen »Peanuts« nennen) und Kasinokapital sind nicht nur ökonomisch, sondern auch kulturell, politisch und narrativ voneinander getrennt. Deshalb darf einer Kassiererin wegen 18 Cent gekündigt, ein Banker jedoch wegen 18 Millionen keinesfalls schräg angesehen werden.

Kurzum: Der Kasinokapitalismus ist jene Phase in der Geschichte unserer Ökonomie, in der eine gewaltige kulturelle, moralische und politische Mauer Spielclubs, Kasinos und Börsen von der »realen« Welt trennt. In einem einfachen (aber nicht wirklich treffenden) Sinnbild wurde uns das als eine Trennung von Finanzkapitalismus und Realwirtschaft erklärt. Dazu dient wieder einmal das, was wir eigentlich schon ins Reich des Irrealen verdammten – Zahlen: 63 Billionen Dollar ist der Wert, den man 2011 den weltweit produzierten Waren und Dienstleistungen beimisst. 87 Billionen Dollar ist der Umfang der Geldmenge, die zur gleichen Zeit für die weltweit gehandelten Aktien und Anleihen veranschlagt wird. 955 Billionen Dollar ist der Umfang der Devisengeschäfte. Wenn Geld irgendetwas anderes ausdrücken würde als sich selbst, käme jedes Kind auf die Idee: Hier kann etwas nicht stimmen. Andere Zahlen: 650 Billionen Dollar beträgt das gesamte Spekulationskapital im Umlauf; lächerliche 14,5 Billionen dagegen die Summe aller Staatsausgaben. Wenn Geld also nicht nur sich selbst, sondern auch Macht ausdrückt, weiß man, wer die größeren Machtanteile hat. Das heißt nicht, wie es das Narrativ will, dass machtlose Staaten von superpotenten Wirtschaftskonglomeraten, Banken und Spekulanten vor sich hergetrieben werden. Der postdemokratische Staat muss genau das wollen, und jemand wie Angela Merkel erklärt ganz gewiss nicht zufällig so blitzrasch, wie bereit sie sei, den Banken, bevor sie wieder in die Krise geraten, gleich wieder Liquidität nachzuschießen. Die Verbindung von Finanzkapitalismus und postdemokratischem Staat ist nicht so zwangsläufig, wie sie erscheint – sie ist vielmehr Programm.

Dabei wird offenbar in Kauf genommen, dass ein Teil der Bevölkerung von einer relativen bis an den Rand der absoluten Armut absinkt, zudem die allmähliche Erosion eines Mittelstandes, der vor allem seinem eigenen Nachwuchs nichts mehr bieten kann. Nur um zu veranschaulichen, was so etwas für die sonst so geheiligten Familienwerte zur Folge hat: Bis zum Oktober des Jahres 2011, also innerhalb von neun Monaten, mussten 1,8 Millionen Amerikaner ihr Haus versteigern lassen, weil sie die Hypothekenzinsen jener Banken nicht mehr zahlen konnten, die zum Erstaunen sogar der Protagonisten des Marktradikalismus zur gleichen Zeit vom Staat und anderen Instrumentarien zwischen politischer und ökonomischer Macht mit Liquidität überschwemmt wurden. Letztendlich ging es darum, das Kasino vor dem Pöbel zu schützen, so oder so. Niemand da drin hatte es darauf abgesehen, draußen besonders beliebt zu sein. Die einzige Logik des Systems bestand darin, dass sich auch das Trinkgeld der Klofrau irgendwann und irgendwie in hochspekulatives Aktienkapital verwandeln muss, das in der nächsten Krise dann, um ein schönes Wort des entsprechenden Jargons zu benutzen, verbrannt werden kann.

Aber immer schon war da diese andere Erzählung im Kasinokapitalismus. Dem Schlagwort von der Wirtschaft als Wissenschaft (abgeleitet von ein paar hundert Jahren intensiver Theoriebildung von Kopernikus bis Keynes) stand jenes andere gegenüber: »Wirtschaft ist Psychologie«. Was am Ende nicht nur meinte, dass man im Kasino neben Berechnung und Expertenrat vor allem die Kunst des Bluffens, Verführens, Betrügens und Erpressens beherrschen musste, sondern viel umfassender, dass Wirtschaft nicht nur »Kultur«, sondern auch »Natur« sei. So stehen sich zwei mehr oder weniger gleich anerkannte Aussagen über das Wesen des Kasinokapitalismus gegenüber: Wirtschaft ist das Komplizierteste, was es gibt. Und: Wirtschaft ist so lachhaft einfach wie Fressen, Ficken, Fernsehen. Wer es im Kasino zu etwas bringen will, der muss verstehen, dass zwischen diesen beiden Aussagen kein Widerspruch, sondern eine dialektische Einheit besteht. Es geht zu wie in einer Maschine, die so kompliziert und selbstreflexiv geworden ist, dass sie in Wahrheit keiner mehr versteht, keiner mehr wirklich kontrollieren kann. Und: Es geht zu wie im Kindergarten. Wie auf der Ghettostraße. Oder auf dem Affenfelsen – solche Vergleiche liebt die einschlägige Literatur, die gern Bücher mit Titeln wie *Managen wie die Wilden* oder *The Will to Manage* hervorbringt. Das »Hyperkomplexe« auf der einen und das gnadenlos Komplexitätsreduzierte auf der anderen Seite treffen sich in einer fatalistischen Metaphysik: Da kann man nichts machen, es ist, wie es ist. Was zugleich höchste wissenschaftliche Kultur und barbarische Natur (»der Markt«) ist, wirkt so schließlich wie »das Leben selbst«. Für euch da drinnen und uns hier draußen.

Die Krise des Kasinokapitalismus war indes nicht allein durch eine ausgeblendete Logik innerhalb des Spiels selbst entstanden – Krisen gehören zum System wie das Gewinnen und Verlieren –, sondern vor allem durch jenes an die postdemokratischen Regierungen ausgelagerte »Einsammeln von Kleingeld«. Im Umfeld der großen Kasinos wurden allenthalben die kleineren, volkstümlichen Wettbüros angesiedelt: Finanzberater, Makler, Banken, die sich damit beschäftigten, das Kleingeld der Bürger in das vom Kasino akzeptierte Spielgeld zu verwandeln, jenes Kleingeld, das vor allem aus dem Versprechen bestand, für den Rest des Lebens immer so weiterzuarbeiten. Hebel dafür waren zum einen die Kleinbürgerträume (das Haus, das Auto, die Familie) und zum anderen das Spiel mit den Kleinbürgerängsten: Postdemokratische Regierungen nennen es »Eigenverantwortung«, wenn sie die Bürger dazu zwingen, ihre Versorgungsansprüche und sogar Teile ihres Arbeitslohns zu kapitalisieren, also dem Kasinospiel zur Verfügung zu stellen. Was das Kasino dann erwischte, könnte man paradoxerweise als »Kleingeldkrise« bezeichnen. Die Welt konnte das Geld für das Kasino einfach nicht mehr erwirtschaften, und das Kasino konnte das Geld nicht schnell genug virtualisieren, um auf einen »Wirklichkeitsrest« zu verzichten.

Natürlich stimmt diese Geschichte nur in der »Kindergarten«-Hälfte des Kapitalismusbildes. In der Komplexitätshälfte entstanden neue Subsysteme und Sprachen, die sich destruktiv und infektiös zueinander verhielten. Die Krise des Kasinokapitalismus veränderte zwar zunächst vielleicht nicht viel, machte aber manches sichtbar. Vor allem, dass an den Schalthebeln der ökonomischen Macht weder hyperintelligente, kalt rechnende, extrem gut ausgebildete Spezialisten noch raffinierte und vernetzte Supergangster und Falschspieler saßen, sondern ganz einfach mehr oder weniger korrupte Trottel.

Nun könnte man vermuten, nach der Krise, die viele Menschen um Hoffnungen und Träume brachte und die Verhältnisse auf den Märkten und in den Gesellschaften veränderte, hätte man sich in der Kleingeldsphäre zusammengetan und dem Kasino ein herzhaftes »Mit uns nicht!« oder »Unser Geld werdet ihr nicht mehr verzocken!« entgegengeschleudert. Doch genau das Gegenteil traf ein. Zwar wird noch ein bisschen gemurrt über das ungehemmte Weiterzocken, auch über die Wiedergeburt von Boni-Exzessen aus dem Geiste der Schamlosigkeit – aber schon macht sich im Leitmedium Fernsehen die Gegenbewegung breit: Zuerst mag man sich noch über die vielen Werbesendungen wundern, welche in warmen, familiären Bildern die Dienste genau jener Finanzberater anpreisen, die uns vor ein paar Monaten noch um die Ersparnisse brachten. Nur helfen jetzt Berater, die noch mehr den TV-Idealen entsprechen. In den Innenstädten, wo früher Videotheken und Sexshops in die Räume der von den Konzernen ruinierten Einzelhandelsgeschäfte zogen, breiten sich wie eine urbane Beulenpest die Büros von Finanzberatern, Versicherungsmaklern und Investmentagenturen aus. Anlageberatung, so scheint es, tut mehr not als frisches Obst. Zeitungen werden nicht mehr vom Sport-, sondern vom Wirtschaftsteil her gelesen. Fallende Aktienkurse werden als böse Omen angesehen, »erfreuliche« Wirtschaftsdaten dagegen scheinen automatisch zu belegen, dass es »uns« wieder besser geht. Der Morgen beginnt für Leute wie du und ich mit einem Blick in den Online-Börsenticker. Soll doch niemand, der noch ein Interesse daran hat, was im Rest der Welt vor sich geht, versuchen, dem Schwall an teils kryptischen, teils launigen Nachrichten aus der bunten weiten Welt des Finanzkapitalismus zu entgehen. Wenn die besagte Klofrau heute ein besonders griesgrämiges Gesicht macht, kann das daran liegen, dass Daimler-Benz eine Gewinnwarnung herausgegeben hat oder der Schweizer Franken ums Verrecken nicht fallen will. Unter den Nachrichten aus aller Welt laufen als unendliches Band die Börsenkurse in Echtzeit. Und jeden Tag präsentiert das Erste Deutsche Fernsehen in einer Sendung vor den Nachrichten die Börse als Schicksalsraum und Stimmungszirkus. Moderator oder Moderatorin, charmant wie Heizdeckenverkäufer bei Senioren-Kaffeefahrten, preisen das System als so umfassend wie menschlich, nie verabschieden sie sich, ohne die komplexen Aktienbewegungen in einen volkstümlichen Sinnspruch verpackt zu haben. Im Econotainment dieser Sendung wird in den auftretenden Figuren, den Moderatoren und ihren Experten-Gästen, die dialektische Einheit von komplexem System und Kindergarten mythisch vollendet. Die Maschine der Börse ist hier zu einem Jahrmarktgerät geworden.

Unter dem Begriff »Ecotainment« versteht der Autor Martin Lichtl eine Marketingstrategie, die ökologische Relevanz durch Emotionalisierung vermittelt.[21] »Econotainment« bedeutet in unserem Zusammenhang schlicht die Vermischung von Begriffen und Narrativen der Unterhaltung mit jenen der Ökonomie.

Im Econotainment muss nichts stimmen, aber alles stimmig sein. Der populistische Medienkapitalismus erweist sich als perfekte Antwort auf die Krise. In einer der mittlerweile täglichen Talkshows des Ersten Deutschen Fernsehens, in denen die Fernsehgesichter einander im Kreis herumreichen, wird jene Dame, die uns täglich vom Auf und Ab des Finanzkapitalismus berichtet, als »Gesicht der deutschen Börse« vorgestellt. Der Talkshow-Moderator weiß vielleicht gar nicht, wie recht er hat. In seiner Medialisierung hat der Finanzkapitalismus tatsächlich ein neues Gesicht bekommen. Es grinst anzüglich und macht genau das, was das Wort Leerverkauf meint: Es verkauft etwas, was es nicht hat. Es verkauft uns unsere eigene Gier, in der wir zwischen einer Börse und einer Lotterieannahmestelle nur noch unscharf unterscheiden, und es verkauft uns unsere eigene Angst. Dieser Finanzkapitalismus, das wissen wir, richtet die Welt zugrunde. Aber vielleicht haben wir vorher noch die kleine Chance zu einer, wie es so schön heißt, Gewinnmitnahme. (Dummerweise wissen wir gar nicht mehr so recht, wohin wir einen etwaigen Gewinn eigentlich mitnehmen sollten.)

Politisch gesehen also zwingt die postdemokratische Regierung ihre Bürgerinnen und Bürger gleich auf mehreren Ebenen, das geldbedürftige Kasino zu unterstützen – durch Steuern, durch »Sparprogramme«, die aus der Gesellschaft Sicherheit und Gerechtigkeit abziehen, und schließlich durch die Privatisierung von Vorsorge und Versicherung. Niemand soll einfach »ein wenig Geld behalten«, jeder soll es so schnell als möglich wieder ins Spiel bringen. Damit das schneller geht, wird in der Allianz aus allfälliger Beratung, Werbebildern und dem neuen Econotainment der Medien eine neue Teilhabe suggeriert.

An die Stelle des Kasinos tritt ein virtueller multimedialer Raum, in dem sich Ökonomie in den Formen der gewohnten Unterhaltung offenbart. Klar kann man hier verlieren, aber man gehört dazu. Denn es gibt nichts anderes. Eine zweite Finanzindustrie ist entstanden, beschäftigt mit nichts anderem als damit, das Kleingeld einzusammeln und in Kasinokapital umzuwandeln, sowie eine dritte, die sich der Propagierung und Medialisierung des Spiels widmet. An die Stelle der »Mauer« zwischen Kasino und »wirklichem Leben« ist eine »Zone« getreten, in der in einem fortwährenden Mediennebel das Kleingeld der Menschen in Kapital verwandelt wird, das sich ungehemmt bewegen kann.

Die Maschinen, die dieses Ummünzen bewerkstelligen, arbeiten schnell, effizient und erbarmungslos; die Medien aber, die den Prozess umhüllen, vermitteln in Fröhlichkeit und Hysterie, dass die Menschen ihn genießen, lustig, bunt und spannend, wie er ist, denn in ihm waltet Schicksal, geht es menschlich zu, spielt das Leben. Sinnvollerweise finden in diesen beiden neuen Industrien von Beratung und Propaganda auch wieder Menschen des Krisen-geschüttelten Kleinbürgertums Arbeit und Karriere. (Früher hieß es: Wer nichts weiß und wer nichts kann, geht zu Post und Eisenbahn. Heute könnte man sagen: Wer scheitert an der Alma Mater, der wird halt Finanzberater.)

In den Börsensendungen des deutschen Fernsehens wird eine mythische Einheit des Kasinogeldes mit dem Spielgeld einer Quizshow zelebriert. Das Geld in der Börsensendung hat so einerseits mit nichts zu tun als mit sich selbst, andererseits hat es aber magischen Charakter, wie all die anderen kleinen Orakel, die Ergebnisse der Bundesligaspiele, das Wetter, die Lottozahlen, wie andernorts auch Horoskope oder Telefonwahrsagerei. So entstehen reduzierte Bilder für »gut« und »schlecht«. »Uns« geht es gut, wenn unser Verein gewonnen hat, wenn die Sonne scheint, wenn wir ein paar Richtige haben, wenn die Dax-Kurve nach oben zeigt. Und während man auch hier früher auf so etwas wie einen »unparteiischen« Vermittler baute, setzt man in all diesen Orakeln längst Strategien der Emotionalisierung ein. Es mag der größte Blödsinn sein, aber der Vermittler ist davon ergriffen und authentisch begeistert. So wie einst Kachelmann das Wetter und seine Vorhersage irgendwie zu euphorisieren schien (von »Erotisierung« wollen wir in diesem Kontext ungern sprechen), so scheint die Vermittler in der Börsensendung die schiere Erwähnung von steigenden Aktien oder Dax-Werten in einen amüsierten Rausch zu versetzen (wie Verkäufer, die die Gier des Publikums nach ihrer Ware kennen und es genießen, sie zappeln zu lassen). Dieses Gesicht der deutschen Börse sagt in Abwandlung eines Berliner Wahlslogans: Finanzkapitalismus ist eine Sauerei, aber sexy. Zweifellos hat das mediale Econotainment Züge einer Drogenszene. Überall winken Lust und Gewinn, das »Du willst es doch auch«, »Man sollte es wenigstens mal probieren«, »Es machen doch alle« und »Du weißt nicht, was dir entgeht«.

Das unterscheidet das Econotainment vom performativen Charakter, den »Kapitalismus« schon immer hatte: Hatte man sich nicht so perfekt geeinigt auf eine Rollenverteilung der Unternehmer, wie etwa zwischen dem volkstümlich-jovialen Ferdinand Graf von Zeppelin und dem arbeitsamen Direktor der Zeppelin-Werke, Alfred Colsman; hatte nicht Friedrich Flick gezielt eine Legende um sein »phänomenales Gedächtnis« gestreut? Immer war solche Performanz des Unternehmers, die sich in Theater, Film und Fernsehen fortsetzen ließ, als »Persönlichkeit« an ein

Publikum gerichtet. Der Unternehmer war eine ferne Vaterfigur, mit allen positiven und negativen Zügen; wenn wir das vergessen haben, müssen wir uns nur die sogenannten Heimatfilme ansehen, in denen meistens übergewichtige, zigarrenrauchende Unternehmer mit ihren Töchtern aufs Land fahren; eigentlich, um mal so richtig auszuspannen, dann aber, um nur noch bessere Geschäfte mit den Provinzlern zu machen. Die Tochter kriegt zum Trost den Försterburschen. Aber erst nachdem sie dem Publikum gesagt hat: Von Geschäften verstehe ich nichts. Das macht mein Papi. Dieser Unternehmer also ist verschwunden, übrigens mitsamt seiner Tochter, die heute vielleicht in einem Aufsichtsrat der Forstwirtschaft sitzt. Sein Nachfolger, der Manager, war eher jung und schlank, jedenfalls pflegte er zu joggen und hatte eine merkwürdige Vorliebe für besonders aggressives Squash-Spielen oder noch merkwürdigeres Motivationstraining.

Als auch dieses Managerbild zu verblassen begann und die Manager unserer Träume sich spalteten – die einen sahen aus wie Michael Douglas alias Gordon Gekko, die anderen wie Josef Ackermann, also nicht so sehr nach Joggen –, war die Krise natürlich nicht mehr aufzuhalten. Sie kam im Jahr 2008. Und was kommt nach einer Krise? Genau. Krisenbücher. Krisenfilme. Krisen-Artikelserien. Sogenannte bürgerliche Zeitungen haben nach der Immobilienblase und spätestens nach der sogenannten Schuldenkrise einander mit Serien überboten, die um die beiden Fragen »Ist der Kapitalismus noch zu retten?« und »Hat Karl Marx vielleicht doch recht gehabt?« irrlichterten. Aber freuen wir uns nicht zu früh, denn dieselben bürgerlichen Zeitungen, die plötzlich ihr Herz für Kapitalismuskritik entdecken, lassen auch jeden halbfaschistischen Hampelmann ausführlich zu Wort kommen, wenn er nur (unter dem Stichwort »Man wird doch wohl noch sagen dürfen«) nationalistische und gern schon mal ein bisschen rassistische Vorurteile in mehr oder weniger verständliche deutsche Sätze zu bringen weiß. Anderes Beispiel: Minister Rösler formuliert öffentlich den politisch eigentlich gar nicht vorgesehenen Ausschluss Griechenlands aus der Euro-Zone, und was passiert? Die FDP, gerade noch eine Partei, die sich selber abschaffen wollte, macht in den Meinungsbarometern einen kurzfristigen Satz nach oben. Es ist ein sehr altes Lied, wie aus Unbehagen und Kritik am Kapitalismus ein Sündenbock gefunden wird. Und wenn wir noch ein Lehrbeispiel dafür gebraucht hätten, wie Postdemokratie, Finanzkapitalismus und Medienpopulismus zusammenwirken – eben weil es in der Herrschaft der Blödmaschinen keine nennenswerte Opposition dagegen geben kann –, hier haben wir es.

Die Krise ändert nichts an der Mechanik des Systems, und es gibt in ihr neben den Verlierern immer auch die Gewinner. Im schlimmsten Fall kann man ja immer noch ein Krisenbuch schreiben. *Ist der Kapitalismus noch zu retten?* Antworten, und keine erfreulichen, gibt unsere Lieblingsrubrik im *Börsenblatt* des deutschen Buchhandels. Dort nimmt ein gewisser FinanzBuch-Verlag Titelschutz in Anspruch für kommende Werke mit Titeln wie *Weltkrieg der Währungen*, *Unser Weg in den Systemkollaps*, *Der Staatsbankrott wird kommen!*. Aber um die Zukunft des Systems muss man nicht fürchten, denn: *Große Erfolge entstehen in Krisen*, *Der freche Vogel fängt den Wurm*, *Nach der Krise ist vor dem Aufschwung*. Und wer immer noch voller Sorgen ist, darf auf dieses Buch des FinanzBuch-Verlages gespannt sein: *So erziehen Sie Ihr Kind im Umgang mit Geld*. Woanders gibt es Titelschutz für *Endlich alle Erfolgsgeheimnisse*, *Visionen ohne Taten bleiben Träume* oder, das sollten wir nun wirklich mal versuchen, *Laterale Personalentwicklung*.

Nach dem Systemkollaps kommt der Aufschwung, und durch den Staatsbankrott können Kinder im Umgang mit Geld erzogen werden. Und Mondkalender sind wieder der große Renner auf dem Kalendermarkt. Der Mond scheint eben auch für Staatskollapsisten, freche Finanzvögel und lateral verwaltetes Personal. Selbst am Buchmarkt also lässt sich ablesen, wie sich das angebliche finanzkapitalistische Geheimwissen in Unterhaltung verwandelt und wie sich Ökonomie als, nun ja, Wissenschaft in Ideologie und Kaffeesatzleserei auflöst.

So ist die Verwandlung des Kasinokapitalismus in den Medien- und Unterhaltungs-Kapitalismus durch die Blödmaschinen einerseits, wie sollen wir sagen, systemrelevant. Auf der anderen Seite aber wird sie unter Einsatz von Kapital und Fantasie durchaus systematisch betrieben. Dazu ein kleines Beispiel: Es gilt als ausgemacht, dass neunzig Prozent unserer Medien aus Schwachsinn, Obszönität und schlechtem Geschmack bestehen. Und warum? Na, weil es die Leute so wollen. Zwischen der Werbung wollen sie weder Politik noch Kultur, nichts Anstrengendes und nichts Intelligentes. Sondern eben Schwachsinn, Obszönität und schlechten Geschmack. Aber irgendwer muss das außer den Leuten ja noch wollen. Denn die Leute wollen ja auch Mindestlöhne, Kindertagesstätten und Lehrmittelfreiheit. Und kriegen sie das? Natürlich nicht, denn das will außer ihnen niemand.

Schwachsinn, Obszönität und schlechter Geschmack sind ein ideales Umfeld für Werbung, Public Relations und politische Beeinflussung. Und die geht zum Beispiel so: In der Zeitschrift *Super-Illu* (Nr. 24 vom 4. Juni des Superwahljahres 2009) findet sich zwischen dem »Duell der Giganten« (gemeint sind die Fernsehentertainer Jauch, Raab und Kerner) und »Dank Botox ist mein Hals wieder gerade« etwas Wahlwerbung für die CDU und für eine Art »Lotterie-Sparen« der Sparkasse mit dem gesetzlich verordneten Hinweis: »Spielen kann süchtig machen. Hinweise zur Spielsuchtgefährdung und zu Hilfsmöglichkeiten liegen in den Sparkassen-Geschäftsstellen aus.« Also Kasinokapitalismus für Arme: »Wecke den Glückspilz in Dir«. Ohne Schwachsinn, Obszönität und schlechten Geschmack wäre das gar nicht zu verkaufen, und über Ginkobil (Gedächtnisprobleme), Biolectra (nächtliche Wadenkrämpfe), Magnetrans (Verspannungen) und Accu-Check (Blutzucker) wollen wir gar nicht reden. Sondern über etwas, das man auch mit Schwachsinn, Obszönität und schlechtem Geschmack noch verkaufen kann: den Arbeitgeber-Kapitalismus.

Dreimal eine Drittelseite Anzeigen mit grinsenden Prominenten finden sich da, von denen man erst einmal gar nicht weiß, was einem da verkauft werden soll. Es geht um eine »Initiative Neue Soziale Marktwirtschaft«, und wer wollte etwas gegen soziale Marktwirtschaft haben? Allenfalls stellt sich die berechtigte Frage: Was zum Teufel ist mit der »Alten Sozialen Marktwirtschaft« passiert?

Noch viel interessanter wäre ja die Frage, warum hierzulande alle so bedingungslos an die Notwendigkeiten des Marktradikalismus geglaubt haben und, vertraut man den Umfrageergebnissen, es offenbar immer noch tun. Eine der einfachsten Antworten darauf ist: Weil sehr viel Geld dafür ausgegeben worden ist, es uns glauben zu machen. In Deutschland hat die Arbeitgeber-Organisation mit dem schönen Titel »Initiative Neue Soziale Marktwirtschaft« vermittels der Werbeagentur Scholz & Friends nach Mitteln und Wegen gesucht (und sie offensichtlich auch gefunden), den sogenannten unabhängigen elektronischen und gedruckten Medien bestimmte Schlagworte schmackhaft zu machen. Sie mussten einfach nur immer wieder vorkommen. Die wichtigsten hießen: »Weniger Staat, mehr Privatisierung«, »Die Politik ist auf der Seite des Mittelstandes«, »Lohnnebenkosten müssen gesenkt werden« und »Der Staat muss sparen, weil ›wir‹ über unsere Verhältnisse gelebt haben und die Staatsschulden nicht unseren Kindern vererben dürfen«. Es genügte dann, dass die Politiker diese Schlüsselsätze nicht nur immer wieder aufgriffen, sondern sie auch mit einem Zusatz versahen. Er lautet »alternativlos«, manchmal auch »Sachzwang«. Und die Initiative Neue Soziale Marktwirtschaft und die Werbeagentur Scholz & Friends (nebst allen Friends of Scholz & Friends) sorgen dafür, dass diese Schlagworte ein mediales Echo erhalten und immer wieder auftauchen, wenn es sein muss auch in einer Kochshow oder in Homestories über Prominente.

Die Initiative Neue Soziale Marktwirtschaft versorgt nebenbei, denn man muss ja auch was für den Nachwuchs tun, klamme Universitäten mit »Rhetorik-Kursen«, richtet Veranstaltungen aus und sendet nach allen Regeln der Werbestrategie unaufhörlich Sickerbotschaften, in denen man zum Thema Krise etwa Folgendes erfährt:

> »In Deutschland wachsen seit Jahren die Zweifel am Nutzen des freien Welthandels, während beispielsweise in Asien geradezu eine Globalisierungseuphorie herrscht. Sie hat dazu geführt, dass die Armut weltweit seit 20 Jahren in beein-

> druckender Weise zurückgeht. Dabei haben Meinungsumfragen herausgefunden, dass die Akzeptanz der Globalisierung in den Industrieländern mit dem Grad der Informiertheit zunimmt. Aufklärung hilft also, um Ängste und Befürchtungen in der Bevölkerung zu zerstreuen und Zuversicht zu erzeugen. Deutschland ist, das zeigen alle wissenschaftlichen Untersuchungen, unterm Strich ein großer Gewinner der Globalisierung.«[22]

Diese Form der Globalisierungspropaganda als Schwurbel von Schlagworten und unterschwelligen Botschaften (»Wenn ihr nicht mit uns auf die neoliberale Globalisierungspauke haut, frisst euch der globalisierungseuphorische Chinese grinsend den Arbeitsplatz weg!«), die natürlich unterschlägt, dass auch im eigenen Land, bevor man den Strich zieht, Menschen Arbeitsplätze und soziale Sicherung verlieren, und dass, wenn Deutschland ein großer Gewinner der Globalisierung ist, offensichtlich auch große Verlierer erzeugt werden, stammt von einem im Jahr 2000 vom Arbeitgeberverband Gesamtmetall gegründeten Unternehmen, dem – nach Selbsteinschätzung – »marktwirtschaftlich orientierte Denkfabriken«, Werbeagenturen und Nachrichtendienste zuarbeiten. Jährlich wird diese Organisation allein von den Gründern mit 8,3 Millionen Euro unterstützt, hinzu kommen weitere Wirtschaftsverbände, die sich organisatorisch und finanziell beteiligen. Zu den erklärten Zielen gehören marktwirtschaftliche »Reformen«, sprich Rückzug des Staates aus den Wirtschafts- und Finanzkreisläufen, Abschaffung aller Begrenzungen für den Handel mit Finanzdienstleistungen, Senkung der Steuern und Senkung der Sozialabgaben mit dem Ziel der Förderung von Eigeninitiative, Abbau der betrieblichen Mitbestimmung der Arbeitnehmer, Deregulierung des Arbeitsrechtes, Flexibilisierung der Löhne und der Arbeitszeiten, Einführung und Erhöhung der Studiengebühren an Schulen und Universitäten und strengere Auswahl der Studierenden. Wohlgemerkt, das unterstellen wir nicht, das entspricht der selbstgewählten Aufgabe. Und offensichtlich geht ein nicht vollkommen unbeträchtlicher Anteil der 8,3 Millionen an die Prominenten, die für die Schlagworte der Initiative Neue Soziale Marktwirtschaft ihr nur allzu bekanntes Gesicht hinhalten. Ob Kachelmann, Ruge und Co. wissen, für was sie da Reklame machen, wenn sie dreist behaupten: »Soziale Marktwirtschaft macht's besser, weil sie ein Wachstumsklima und keine Klimakatastrophe schafft.« Man weiß gar nicht, was schlimmer ist: Wenn sie für Geld jeden Quatsch verkaufen oder wenn sie den Quatsch auch noch selbst glauben.

Der Aufklärungselan der globalisierungskritischen Bewegung ist zum Scheitern verurteilt, wenn er nicht nur auf eine massive Gegenaufklärung, sondern auch auf eine hoch budgetierte Verblödungsmaschine trifft, in der nicht allein zentrale Begriffe der Kritik aufgenommen werden, sondern in der auch jene sich ein Zubrot verdienen, die, wollte man tatsächlich im Mainstream ankommen, natürliche Verbündete sein müssten: In der Initiative Neue Soziale Marktwirtschaft finden sich Journalisten, Ökonomen, Demoskopen, SPD-Mitglieder, ein ehemaliger Sprecher der Bündnis-Grünen; sie finanziert eine Journalistenschule von RTL, stellt an deutschen Schulen Unterrichtsmaterial zur Verfügung und kreiert Slogans wie »Sozial ist, was Arbeit schafft«, die von CDU und FDP gleichermaßen in ihre Wahlkampfstrategie eingearbeitet wurden. Big Brother war ein Waisenknabe dagegen.

In der Sendung *Monitor* vom 13. Oktober 2005 erklärte der Medienwissenschaftler Siegfried Weischenberg von der Universität Hamburg:

> »Die ›Initiative Neue Soziale Marktwirtschaft‹ ist höchst erfolgreich, weil es ihr gelungen ist, so einen neoliberalen Mainstream in den Medien durchzusetzen. Und das konnte auch leicht gelingen, weil die Medien kostengünstig produzieren müssen. Sie sind sehr darauf angewiesen, dass ihnen zugeliefert wird, hier gibt's eine Lobby, die sehr wohlhabend ist. Das ist natürlich eine sehr, sehr problematische Geschichte, weil die Medien nicht das tun, was sie tun sollen. Die Journalistinnen und Journalisten fallen sozusagen aus der Rolle, weil sie nicht kritisch kontrollieren, weil sie die Interessen nicht transparent machen.«

Ist seitdem etwas besser geworden? Ja natürlich. Die ursprünglich zentralistische Lobbymaschine hat sich dezentralisiert und immer neue Formen der Guerilla-Propaganda für sich entdeckt, bis hin zu Flyern auf den Toiletten von Szenelokalen und Musikbroschüren bei Rockkonzerten. Für eine soziale Bewegung, die eben gerade nicht auf Krawall und Aufmerksamkeit, sondern auf Überzeugung und Aufklärung setzt, ist die strukturelle Korruption der gesellschaftlichen Institutionen, der Medien, Schulen, Universitäten, am Ende tödlich. Die Grunderfahrung, dass man nicht mit den besseren Argumenten, sondern mit der größeren Wirtschaftsmacht in die Zentren der öffentlichen Diskurse gerät und dass potenzielle Medien und potenzielle Verbündete bereits rettungslos im Kreislauf der strukturellen Korruption festsitzen, trifft als Lähmung insbesondere die Jugendlichen an der Basis. Deshalb ist es doppelt schändlich, wenn sich sogenannte Promis aus der öffentlich-rechtlich (also auch mit unserem Geld) produzierten Medienblase für die Propagandamaschine der Arbeitgeber hergeben, von der selbst Scientology noch lernen könnte.

Auch auf diese Weise ist aus dem »So geht es nicht weiter« nach der Krise ein »Wir machen jetzt alle mit« geworden. Das Kasino ist nicht mehr der ferne, prächtige und abweisende Bau, in dem gut gekleidete Herrschaften nach geheimnisvollen Regeln Geldsummen über die Tische schieben, die du dir nicht mal vorstellen kannst, sondern ein durchlässiges Las Vegas, wo du in den Vorhallen dein Kleingeld verwetten kannst, und keiner dich fragt, ob deine Schuhe auch italienisch genug sind. Auch Kinder sind erlaubt, und wenn du über die Maschine mitmachst, interessiert sich niemand für deinen Dresscode und das Getränk, das du bei dir hast. Jetzt sitzen wir mit an den Tischen der Zocker, erfahren in unseren illustrierten Magazinen und unseren Bilderzeitungen alles Wissenswerte, sind Teil des Spiels, lauter kleine Fachleute wie beim Fußball und bei *Germany's Next Topmodel*, und hey, das Spiel macht Spaß, es ist eigentlich auch nichts anderes als Quizshow oder Dschungelcamp: »Modulare Fantasiewerte« nennt man das andernorts. Wir aber wissen: Es kommen Katastrophen und Glücksfälle, allerdings immer so, wie wir es eh schon gewusst haben.

Die Antwort des Kapitalismus auf seine letzte Krise ist also die Produktion eines populistischen Econotainment, das uns die Zwangskapitalisierung von Alltag und Biografie versüßt. Econotainment besteht aus dem spielerischen Zitieren von »Fachchinesisch«, das in lustige Allerweltsbilder übersetzt und in die Dramaturgien der Unterhaltung übertragen wird. Die Angst vor einem Absturz wird in kleine Portionen von Schadenfreude oder Empathie übertragen. Auch wenn es »mir« schlecht geht, geht es »uns« gut, und dann geht es »mir« auch schon wieder besser. Ich habe meinen Job verloren, aber dafür ist der Dax gestiegen. Niemand kann etwas gegen den Kapitalismus haben, wenn er doch Alltag so sehr wie Vergnügen geworden ist. Und Kapitalismus ist gar nicht so schwierig, da brauchst du dir nur von dieser Moderatorin das mit dem Dax und den Hedgefonds erklären zu lassen, und die findet das alles auch so lustig und geil.

Doch Econotainment ist keineswegs nur eine Ökonomisierung der Bildwelten und Narrative der gewöhnlichen Unterhaltung, Econotainment funktioniert auch in den, nun ja, Expertenmedien. Wenn man, zum Beispiel, den Wirtschaftsteil der FAZ genauer betrachtet, fällt unmissverständlich die steigende Durchsetzung mit Econotainment-Elementen auf, die in den letzten Monaten offenbar bis zur Berührung mit dem Kindergarten-Teil des Kapitalismusbildes reicht. Da ist einmal das Personalisieren, das ein hübsch komplexitätsreduziertes Gegengewicht gegen das Analysieren und die Zahlen bildet: Die Interviews lösen ein wohliges Gefühl aus: So schlau bin ich auch noch! Und da sind launige Kolumnen der »Wirtschaft ist Psychologie«-Art, der Manager-als-Mensch- oder auch der Ein-Finanzwirtschaftsbüro-ist-nichts-anderes-als-eine-Mischung-aus-Affenfelsen-und-Kindergeburtstag-Art, nur dass die Sauereien heftigere Folgen haben. Und da sind Serien zu »Freizeitmöglichkeiten« für die Insassen der Finanzwirtschaft wie »Ballermann für Banker«, wo beschrieben wird, wie sich die Banker in den Afterwork-Partys die Kante geben und jemanden abzuschleppen versuchen, wenn sie nicht entweder schon zu blau dafür sind oder insgeheim ihre Geschäfte weitertreiben. Eine Kehrseite des Econotainment ist zweifellos, dass uns die »Zocker« ganz ungeschminkt begegnen, ähnlich wie abgehalfterte TV-Promis. So tritt neben das geile Gefühl des Mitmachens ein zweites, leicht panisches: Diesen unappetitlichen Idioten sollen wir unser Geld anvertrauen? Unterhaltung ist immer durchsetzt von Begehren und Angst, Econotainment ist eine Mischung aus Gier und Grauen.

Wir leben nicht einfach in einer »Wirtschaftskrise« oder einer »Krise des Kapitalismus« – von der wir schon jetzt wissen, wer davon profitiert und wer die Zeche zahlt. Wir leben in einer Krise der großen Welterzählung. Das Märchen zerfällt vor unseren Augen. Aber ach, nicht das helle Licht von Tag und Aufklärung erwartet uns danach, wir schleppen uns vielmehr durch einen großen Scherbenhaufen zum alltäglichen Weitermachen. Nichts stimmt, nichts passt mehr zusammen, und wer es schon immer gewusst haben will, kriegt von uns auch kein Freibier.

Aber beim Waten durch den Scherbenhaufen der großen Erzählung kommt einem manches Juwel unter. Scherben, die einen kaputten Charme ausstrahlen, Scherben, die echte Blutspuren zeigen, und nicht zuletzt Scherben von ungemein komischer Gestalt. Zum Beispiel eine Nachricht aus der *Financial Times Deutschland* vom 7. Oktober 2011:

> »Es gibt ja viele gute Gründe, zu einer Messe zu fahren. Bei der Immobilienmesse Expo Real, die diese Woche in München stattfand, kamen weitere Argumente hinzu – zumindest für die Damen. Als Münchner Veranstaltungstipp riet das Branchenblatt ›Immobilien-Zeitung‹ im Messeplaner zum Besuch einer Tabledance-Bar, wo sich täglich wohlgeformte Herren entblättern. Der Ratschlag für die männlichen Messebesucher geriet dagegen eher zum Bildungsurlaub: Ihnen empfahl das Blatt die Teilnahme an einem Stripkurs.«

Strippende Immobilienhändler, das war's, was uns fehlte! Die *Financial Times* wusste gleich noch etwas anderes zu berichten:

> »Wer in Frankfurt auf Konferenzen unterwegs ist, der blickt häufig in dieselben Gesichter – da ist Abwechslung durchaus

willkommen. Doch bei manchen Ankündigungen wird auch die Frankfurter Finanzszene stutzig. Wie jüngst bei der Analysten- und Investorenkonferenz des Biotech-Unternehmens *Stratec Biomedical.* Bei der mit rund 40 Leuten gut besuchten Veranstaltung ließen viele Teilnehmer ihren Blick über die am Empfang ausgelegten Namensschildchen schweifen, deren Besitzer noch nicht da waren. Unter anderem in der Auslage: das Namenschild für Warren Buffett – das jedoch bis zuletzt nicht abgeholt wurde. Dennoch rätselten einige, ob der US-Starinvestor wirklich seine Teilnahme angekündigt hatte. Wie sich auf Nachfrage herausstellte, wussten selbst die Hostessen an der Anmeldung nichts davon, dass das Namenskärtchen eigentlich nur als kleiner Scherz vom Vorstand und der Abteilung Investor Relations gedacht war.«

Da lacht der deutsche Investor! Unser Geld und unsere Zukunft liegen in guten Händen. Das ist das Schöne an der Verwandlung des Kasinokapitalismus in den Medienkapitalismus – die Idioten werden sichtbar. Und um sie die idiotische Maschinerie, die sie zu solchen macht. Verändert sich aber durch die Wandlung des Kasino- in den Medienkapitalismus auch das Spiel selbst? Ein endloses Gerede, Gerüchtemachen, Zahlenspielen, Metaphorisieren und Bilderdurcheinander ist da entstanden, das überraschenderweise nicht nur von oben nach unten, sondern auch umgekehrt wirkt, wie im Übrigen alle Blödmaschinen. Nun ist das Kasino nicht nur vernebelt und mit neuem Geld versorgt, sondern dieser Nebel und dieses neue, andere Geld dringt mitsamt seinem menschlichen Anhang jetzt auch ins (Post-)Kasino selber ein. In der einfachsten Variante pflegen Systeme auf die Produktion der eigenen Bilder hereinzufallen. Das Econotainment ist nicht mehr nur Propagandabild und Illusion, sondern wird selber Teil des Spiels. Statt Fakten werden einfach Nachrichten geschaffen, und die schaffen dann die Fakten.

Dazu muss man sich klarmachen, nach welchen Kriterien eigentlich die Produktion von »Nachrichten« innerhalb einer Aufmerksamkeitsdramaturgie abläuft: Kampagnen, Krisen, Katastrophen, Skandale in der entsprechenden Folge. Es handelt sich um narrative Zyklen, deren Montage in aller Regel wichtiger ist als ihr Inhalt. Die Hysterisierung des Finanzkapitalismus durch Online-Börsenticker, *Bild*-Zeitungs-Journalismus und Fernsehen ist in ihrer Wirkung am Ende noch nicht absehbar. Eine Schreckensmeldung von den Börsen ist natürlich mehr wert als eine »Beruhigung« (obschon diese natürlich zyklisch wiederkehren muss); und die Ratingagenturen sind dafür der perfekte Puffer (sie scheinen diese Rolle allerdings auch sehr gern zu spielen und fallen selbst auf ihren Bedeutungswandel in der Öffentlichkeit herein). Eine Ratingagentur ist daher so etwas wie ein Schiedsrichter; sie gibt dem Spiel die Regel und ist natürlich auch an allem schuld. Statt also die Zyklen der Wirtschaft zu durchschauen oder gar zu kontrollieren, beschleunigt und verschärft der Medienkapitalismus sie durch die eigenen Aufmerksamkeitszyklen. Das Medienspiel als Parallelwelt der Geldströme entwickelt sich zu ebenjenem tückisch inversiven Manipulationsinstrument, zu dem man die Ratingagenturen stilisiert. Im Medienkapitalismus scheint sich der geäußerte Verdacht, Wirtschaft sei Psychologie, als selbsterfüllende Prophezeiung zu verwirklichen.

Die Komplexitätsreduzierung der Ökonomie in den Medien ist also keineswegs auf die dafür zuständigen bunten Blätter und das Fernsehen beschränkt, sondern ein Projekt, an dessen Ende ein allgemeiner »ökomedialer Gesamtkreislauf« stehen mag. Ist der Kapitalismus erst einmal vollständig medialisiert – Psychologie, »Gerücht«, Legende; also nicht mehr Medium, sondern das System selbst –, dann funktioniert auch er ganz nach der mcLuhanschen Idee des blanken Narzissmus. Und geradezu gespenstisch mutet dessen Satz über das Medium (in *Die magischen Kanäle*) an, sobald man ihn auf diese Gesamtsituation von Medien/Kapital überträgt: »[Es] hatte sich der Ausweitung seiner selbst angepasst und war zum geschlossenen System geworden.«[23] Der Medienkapitalismus ist also nicht nur eine Transformation des Kasinokapitalismus, durch die einerseits das Kleingeld des realen Lebens abzuschöpfen und andererseits die Dissidenz oder Fremdheit in einem allgemeinen Mitmach- und Mitrede-Empfinden aufzulösen war.

Medienkapitalismus bedeutet auch neue Manipulations- und Steuerungsinstrumente, und ebenso neue Krisen- und Katastrophenszenarien. Nun brauchen wir nicht einmal mehr eine »Fehlspekulation«, eine »Blase« oder eine »zyklische Bewegung des Marktes«, um eine Krise auszulösen, es genügt eine, möglicherweise zufällige, Übereinstimmung der Nachrichten-Wellen in *Bild*, *Spiegel*, Online-Börsentickern und Fernsehen. Im Medienkapitalismus kann am Ende eine Wirtschaftskrise durch eine Nachrichtenkrise ausgelöst werden. Zum Beispiel durch das Zusammentreffen von Bundesliga-Pause, Schlechtwetter und ausbleibenden Terroranschlägen. Gibt es gerade mal keine Promi-Scheidung oder keinen Skandal bei *Deutschland sucht den Superstar*, schreiben wir uns halt die nächste Finanzkrise zusammen. Vor einem Jahrhundert konnte ein gewisser Randolph Hearst die USA buchstäblich in einen »splendid little war« gegen die spanische Kolonialmacht schreiben lassen, den er dann auch noch quasi monopolisierte und medial privatisierte. Warum sollte ein findiger Medienmogul sich heute nicht einen kleinen Staatsbankrott oder einen Börsencrash zusammenschreiben lassen?

Im Econotainment gibt es keine Unterschiede zwischen Geschehen und Abbild. Fallende Aktienkurse machen Angst; steigende Aktienkurse verleiten zur Anschaffung eines neuen Flachbildfernsehers. Weil aber über das Econotainment jeder, wenn auch nach den Gesetzen der Unterhaltungsindustrie, mit den Bewegungen auf den Finanzmärkten verbunden ist, kann niemand mehr »antizyklische« Entscheidungen treffen. Die Agenturen, die unser Kleingeld eingesammelt haben, um Kapital daraus zu machen, sehen dieselben Fernsehsendungen wie wir. Und sie wissen, dass sie, falls sie so etwas wie ökonomischen Sachverstand hätten, diesen auf keinen Fall gegen die Stimmung der kapitalisierenden Fernsehzuschauer einsetzen dürfen. Wenn im Fernsehen griechische Staatsanleihen fallen und mein Sparkassen-Fonds nicht gleich diese Staatsanleihen abstößt, bin ich natürlich sauer und schreibe womöglich einen Leserbrief an die *Bild*-Zeitung. So wird im schlimmsten Fall der Finanzmarkt real so infantil und blöde, wie er in seiner Medialisierung dargestellt ist. Mein Anlageberater wird nun nicht mehr am Erfolg, sondern am Econotainment gemessen. Vielleicht war er schon vorher mehr oder weniger kriminell, jetzt ist er beides zugleich, kriminell und blöde. Wenn die Börsensendung im deutschen Fernsehen sagt, dass ein Wert sinkt, muss der entsprechende Titel weg. Econotainment infantilisiert auf Dauer also nicht nur das Bild des Kapitalismus, sondern zumindest einen Teil seiner Praxis. Der Auftritt eines prominenten Idioten im Econotainment wird bedeutender als Preisentwicklung oder Produktivität. Und von der mathematisch-modellhaften Seite der Ökonomie wissen wir nur zu gut, wie beliebig man sie einsetzen kann. Am Ende schlägt die Infantilisierung durch das Econotainment auch auf die Politik zurück. Kindisch-magische Vorstellungen sind ohnehin genug vorhanden. So wird der »Investor« Warren Buffett aus Nebraska mit dem Ehrentitel »Orakel von Omaha« belegt, unter anderem, weil er in patriotischer Wallung auf die Ratingagentur Standard & Poor's eindrischt: »In Omaha sind die Vereinigten Staaten immer noch AAA. Wenn es eine Bewertung mit vier A gäbe, würde ich sie den Vereinigten Staaten geben.« Woraufhin S & P Buffetts Anlagen- und Holdinggesellschaft Berkshire Hathaway (zu der Versicherungen wie General Re gehören) auf die Liste von Unternehmen setzt, die mit einer Herabstufung ihrer Bonität rechnen müssen – nicht ohne zu betonen, dass das natürlich nicht persönlich gemeint sei. Warren Buffett, der in Staatsanleihen eine Menge investierte, ist über Berkshire Hathaway wiederum der größte Einzelaktionär der Ratingagentur Moody's (natürlich betont er, keinerlei Einfluss auf die Ratings zu nehmen, und Moody's war auch tatsächlich die erste Agentur, die Berkshire Hathaway das AAA-Rating nahm).

Wenn wir solche Szenarien fortschreiben (und uns einmal über die Beteuerungen der Protagonisten im Spiel hinwegsetzen), so gelangen wir vom Kasinokapitalismus über den Medienkapitalismus zu einem neuen geschlossenen System, wie es McLuhan für die medialen Weltbilder allgemein diagnostizierte. Die Beziehung zwischen Politik, Ökonomie und Medien darin kann nur funktionieren aufgrund einer allseitigen Komplexitätsreduzierung und einer narzisstischen Rückkoppelung aller Instrumente: Analyse,

Geschehen und Vorhersage fließen ineinander über; jede »Diagnose« ist ihrerseits womöglich bereits eine neue Krankheit. Die Computersimulation ist kein Modellversuch mehr, sondern bereits die Sache selbst. Econotainment *spielt* nicht mehr Kapitalismus, sondern ist Wirkkraft gegenüber einem Geld, dessen Bewegung so absurd geworden ist, dass sie mit Logik und »Wissenschaft« nicht mehr zu erklären ist.

Der Medienkapitalismus verhält sich möglicherweise zum Finanzkapitalismus wie dieser zur »Realwirtschaft«. Der Finanzkapitalismus nun wurde erzeugt durch das Überschusskapital einer Wirtschaft, die dem Wettlauf von Innovation und fallender Profitrate ausweichen musste; der Medienkapitalismus wird erzeugt von einem Finanzkapitalismus, der seiner eigenen Beschleunigung nicht mehr gewachsen ist und so seinen Chaos-Überschuss in seine mediale Repräsentation auslagert. Um sich zu retten, musste er universaler werden, so schrieb er sich zugleich in die Medien und in die Politik ein: Auch wir hier unten wissen, dass die Politik nach der Krise noch abhängiger von der Wirtschaft ist als vorher. Da er im Idiom von Politik und Wissenschaft nicht mehr zu fassen ist, wird der Kapitalismus ins Idiom der Unterhaltung übertragen. So dreht sich das Verhältnis um: Gerade noch schien es, als würde *niemand* mehr den Kapitalismus verstehen, plötzlich scheinen dagegen *alle* den Kapitalismus zu verstehen. Man hat ihn nur vom Wirklichen in die Reality übertragen müssen. Den Rest erledigen Maschinen. Nahezu die Hälfte aller finanzkapitalistischen Transaktionen werden bereits durch Computerprogramme im »Hochfrequenzhandel« erledigt, die viel schneller als Menschen Zahlen, Daten, Fakten analysieren, in Bruchteilen von Sekunden Käufe oder Verkäufe tätigen und Profite aus scheinbar winzigen Unterschieden und Schwankungen auf dem Markt der Aktien und Wertpapiere »schöpfen«.

Möglicherweise sind diese Computerprogramme schon erheblich effizienter als die menschlichen Player auf diesem Gebiet, aber sie sind auch vergleichsweise fetischistisch. Vor allem kann ein Computer nicht zwischen einer echten und einer manipulierten Zahl unterscheiden. Wohlgemerkt: Ein großer Teil des Finanzmarktes besteht darin, dass Maschinen mit Maschinen handeln, ohne dass ein menschliches Gehirn sich dazwischen anstrengen müsste. So entsteht im Medienkapitalismus bereits die nächste Phase: Es geht darum, über die Medien Zahlen so zu manipulieren, dass sie in den Computerhandel einfließen und die Maschinen zu falschen Entscheidungen drängen. Dann geht es darum, den vollkommen widersinnigen Vorgang in diesem rasenden Geld- und Schuldentausch wieder zurück zu übersetzen in eine scheinbar menschliche oder irgendwie logisch klingende Geschichte. Und dann wiederum ist es wunderbar, wenn man im Fernsehen ein Gesicht der Börse oder in Griechenland einen sinnlichen Sündenbock hat.

Die postdemokratische Herrschaft macht dieses Spiel nur zu gern mit, denn bei der Komplexitätsreduzierung der Dramen und Schurken wie Ratingagenturen oder Hedgefonds verschwimmt die eigene Schuld, die eigene Schwäche und die eigene Korruption. Alle Mitspieler dieses Systems der Infantilisierung und Medialisierung des Kapitalismus sind der festen Überzeugung, zumindest ein bisschen cleverer als die anderen Mitspieler zu sein. Die Rundumverblödung dagegen nimmt an Geschwindigkeit weiter zu. Der Versuch, die Ökonomie statt mit den Mitteln der Politik mit denen der Unterhaltungsmedien zu kontrollieren, hat eine neue Konstellation erzeugt. Der Medienkapitalismus bedarf keiner kaufmännischen Vernunft und keiner Idee der unsichtbaren Hand mehr; er muss weder Kultur noch Natur sein. Stattdessen folgt er der Dramaturgie von Aufmerksamkeit, Konsens und Teilhabe. Und wenn er mal wieder »verrücktspielt«, ist das kein Grund zur Panik, sondern Teil des Programms.

Offensichtlich befinden wir uns in der Phase, in denen den Medien ihre neue Rolle gerade bewusst wird. So sagt der Börsenmoderator im elektronischen Medium am Donnerstag, dass es Gold als Anlageobjekt doch tatsächlich auf die Titelseite der *Bild*-Zeitung gebracht habe, und fügt hinzu: »Ein Alarmsignal!« Sprich: Dass die *Bild* auf der Titelseite von Gold erzählt, ist für den Anleger – und sind wir das nicht alle? – ein Alarmsignal. Diese Verknüpfung der Medialisierung erscheint immer viel harmloser, als sie ist; das Medium ist die Botschaft, und die Wirtschaft hat sich zur Behebung ihrer letzten Krise mehr von jenen Medien abhängig gemacht, die neben ihr – frei nach McLuhan – immer auch sich selbst zum Inhalt haben, als ihr lieb sein kann. Die Macht, die die Medien über die Finanzmärkte erhalten haben, werden sie freiwillig gewiss nicht mehr hergeben. Nachdem der Kapitalismus die Medien verschlungen hat, die als Instrumente der bürgerlichen Gesellschaft zur »Beherrschung« von Regierung und Wirtschaft entstanden, verschlingen die Medien nun den Kapitalismus, usw. – Wir kennen das Bild von der sich selbst verschlingenden Schlange.

Doch zur gleichen Zeit beginnen die Medien, die ihre eigene Botschaft sind, offensichtlich auch schon wieder, sich zu überschätzen. Daraus entstand ein etwas sonderbarer Rückschlag, den wir jetzt beobachten durften: Die Medien wollten offensichtlich einen Crash herbeischreiben und waren schon mit einer einigermaßen delirierenden Katastrophenfantasie beschäftigt, doch was tatsächlich geschah, war, gelinde gesagt: langweilig. Was geschieht nun in der Situation einer ausbleibenden ökonomischen Katastrophe im Econotainment? Auf der einen Seite wird eine allgemeine Ratlosigkeit ausgerufen: Wenn sie selbst nichts gewusst haben, behaupten die Medien, könne niemand etwas wissen. Sie unterstellen die eigene Dummheit dem System, das ist nun auch nicht allzu schwer. Zur gleichen Zeit aber fokussiert die ausbleibende große Katastrophe den Blick auf die gewöhnlichen kleinen Schwankungen. Jeder Pendelausschlag, jede Kursschwankung wird mit Sinn und Emotion aufgeladen, man könnte wohl sagen: Wenn nichts Großes und Ganzes los ist, tendieren die Medien zur »Überinterpretation« des Marktgeschehens, übrigens kennen wir auch das vom Fußball und der Erzeugung oder Demontage von »Promis«. Wenn ein Promi, den wir gerade aufgebaut haben, blöderweise keine Ehe- oder Drogenprobleme vorzuweisen hat, muss eben die Darmverstimmung des Pudels herhalten. Wenn der Finanzmarkt gerade mal ein bisschen vor sich hin dümpelt, dann muss schon eine geringfügige Kursschwankung eine Story hergeben, wiewohl jeder Wirtschaftsstatistiker weiß, dass ihr Aussagewert gleich null ist.

Postdemokratie begann nicht zuletzt damit, dass sich Politik und Medien bedingungslos voneinander abhängig gemacht haben. Der Post-Kasinokapitalismus kann damit beginnen, dass sich Finanzmarkt und Medien ebenso bedingungslos voneinander abhängig machen. Was im Kasinokapitalismus als eine vollkommen normale, oft sogar arbiträre und rasch sich selbst regulierende Bewegung auf den Finanzmärkten erschien, das wird im Medienkapitalismus zu einer bedeutungsschwangeren, orakelhaften Dramaturgie, die, wenn nicht das System, so doch mindestens eine Branche oder Firma in die Katastrophe führen muss. Mediale Hysterisierung verwandelt sich daher derzeit von einem Instrument der Rettung in eine ernsthafte Bedrohung.

Das System, das sich infantilisieren und theatralisieren lassen musste, um zu überleben, drängt nun wieder hinter die Bühne. Möglicherweise spaltet sich der karnevalisierte Medienkapitalismus erneut von einem Realkapitalismus, der über den Fetischismus der Aktienwerte und die Schmierigkeit der Börsenpornos im Fernsehen nur lachen kann. Das Kasino wird nicht mehr gebraucht, die Medien verkommen weiter, der Mitmach-Kapitalismus verliert an Attraktion. Was kümmert es das Geld?

Während und noch nach der Krise haben die Wirtschaftsjournalisten, so Wolfgang Hetzer, Antikorruptionsbeauftragter der EU, vor allem »Leugnungs- und Beruhigungsrhetorik produziert«,[24] danach bzw. mittendrin sehen sie ihre Aufgabe offensichtlich darin, die Stimmung nach dem Katzenjammer wieder anzuheizen. Und statt wie vorher »faktisch die Öffentlichkeitsarbeit der Finanzbranche als Expertenurteil zu verbreiten«, bemühen sie sich nun im Plauderton um eine Popularisierung.

Die Antwort auf die Finanz- und Schuldenkrisen sind, gewiss doch, Schutzschirme und Schuldenschnitte, aber auch: »27. Oktober 2011. 15 der 16 Bundesländer haben sich am Donnerstagabend auf einen neuen Glücksspielstaatsvertrag geeinigt. Künftig soll es 20 Lizenzen für Sportwettenanbieter geben. Die Steuerbelastung für den Spieleinsatz von derzeit 16.6 % wird auf 5% gesenkt.« (FAZ) Natürlich hat das 16. Bundesland, Schleswig-Holstein, nicht etwa Bedenken gegen die Öffnung des Glücksspielmarktes, sondern zuvor selbst ein noch liberaleres Gesetz verabschiedet. So wird auch das letzte Segment der Bevölkerung, das sich der Zwangskapitalisierung entziehen muss und dem das Econotainment womöglich noch nicht zugänglich ist, in den Kreislauf gezwungen, also dazu, sein Kleingeld abzugeben und »legal« in Spielgeld des Finanzkapitalismus zu verwandeln. Der Staat verzichtet auf einen Anteil an der Beute, da er nur zu gut weiß, dass sich dadurch nicht nur die Beute insgesamt erhöht, sondern auch die Kontrolle über die depravierte Bevölkerung: Wer spielt, ist an seinem Ruin selbst schuld, auch wenn der durch seine Gier gesteuerte Parteienstaat genügend für die Gegenleistung der Spenden durch die entsprechende Industrie tut und Stadt und Land mit Spielhöllen vergiften lässt. Nicht umsonst schließlich spielen diese Spielhöllen auch in den Kreisläufen der Immobilienwertschöpfungen ihre Rolle. Die Unterschicht soll ebenfalls Kapitalismus spielen und dabei das Karussell von »Herunterkommen« und »Gentrifizieren« der Städte in Gang halten.

IV. Hebelwirkungen oder Was der Medienkapitalismus verbirgt

Der mehr oder weniger positive Vorläufer von Econotainment und Zwangskapitalismus war das Versprechen eines »Volkskapitalismus«, in dem jeder, der wollte, ein einigermaßen berechenbares und »sicheres« Stückchen vom großen Kuchen abbekommen sollte. Auch dabei spielten die populären Medien eine bedeutende Rolle. Die Durchdringung von populären Medien und Ökonomie verläuft naturgemäß asymmetrisch. Auf der einen Seite werden ökonomische Modelle in die Spektakelindustrie eingeführt, und dabei geht es nicht mehr allein darum, wie viel Geld mit den Spektakeln zu verdienen ist, sondern auch darum, das Geld und seine Bewegung zum Teil des Spektakels zu machen. Die Fußballbundesliga in Deutschland und das europäische »Fußballgeschäft« unterhalten nicht mehr allein durch den Suspense und die Ästhetik von Spielen, die Erfolgsgeschichten und das Bangen anhand von Tabellen und Listen werden zu Metaphern der Leistung und der Spekulation. Ein Fußballer, der seinem Verein etwas eingebracht hat, wird zu einem mächtigen Investitionsobjekt, der Verein selber wird zum einflussreichen Unternehmen, oft auch zum Knotenpunkt zwischen Ökonomie und Politik. Als sich der junge Fußballer Mario Götze 2011 als großes Talent zeigte, begann ein Wettbieten der europäischen Vereine gegen seinen Verein Borussia Dortmund, der im europäischen Maßstab kein »großer« ist – also aus der Dominanz der Diskurse ausgeschlossen. Man konnte vor allem das Wirken der großen »Investoren« im Hintergrund der Vereine sehen: »Investoren wie Chelseas Abramowitsch haben den Fußball zum Versuchslabor des Turbo-Kapitalismus gemacht«, schrieb Freddie Röckenhaus in der *Süddeutschen Zeitung*.[25]

Zur gleichen Zeit aber wird die »reale« Entwicklung eines »Volkskapitalismus«, die bereits mit der Einführung der »Volksaktie« in den siebziger Jahren angestoßen werden sollte, auf eine radikale Weise »vom Markt« abgewürgt. Am 18. November 1996 ging die Telekom an die Börse, nachdem der Staat sich auch noch von einem Minderheitenanteil getrennt hatte. Bis ins Jahr 2000 verlief die Entwicklung, mit kräftiger Unterstützung durch Prominentenwerbung, steil aufwärts, vom Ausgabekurs von 14,57 D-Mark auf 104,90 D-Mark am 6. März 2000 – und dann ebenso steil wieder bergab. Im November 2011 war die Aktie auf 9,30 Euro gefallen, die »Volksaktie« erwies sich für viele der kleinen Anleger als gewaltige Geldverbrennung. Ein beachtlicher Anteil dieser besonderen Art von Enteignung durch die »Volksaktie« wird dem medialen Hype zugeschrieben (und der Schauspieler Manfred Krug, seinerzeit als *Tatort*-Kommissar populär, entschuldigte sich später öffentlich für seine Teilnahme an der Werbekampagne). Die Börse schien damals in der Tat die Pforten für das Volk zu öffnen, und das konnte nicht anders gehen als mit den Mitteln des Entertainments. Telekom-Chef Ron Sommer wurde zu einem der ersten Stars dieser Vorform des Econotainment. Mit seinem Dauergrinsen war er medial allgegenwärtig. (Und klang nicht allein der Name schon wie von einem billigeren Werbetexter ausgedacht?) Endlich wurden Aktienkäufe in Familien und im Freundeskreis ein Thema. Im Jahr 1996 bekamen auch die Börsennachrichten vor der *Tagesschau* ihren festen Platz im Fernsehen; es schien, als hätte der Kapitalismus tatsächlich die Mehrheitsgesellschaft erreicht: Nicht nur der Markt mit der segensreichen unsichtbaren Hand, der alle privaten Laster in öffentliche Harmonie verwandelt, sondern auch seine Metaphysik, der Finanzmarkt, sollte allen offenstehen.

Ein absurder Run fand statt auf Papiere neuer, medienorientierter Firmen wie des Chipherstellers Infineon oder EM.TV. Wer keine Aktien mehr bekam, fühlte sich als Verlierer und wartete gebannt auf die nächste Gelegenheit, auch wenn die schon nicht mehr so todsicher schien. Ein wenigstens bescheidener Aktienbesitz sollte zur Selbstidentifikation als das dienen, was die Politik zur gleichen Zeit die Neue Mitte nannte. In den späten neunziger Jahren, als kritische Stimmen schon vor dem bitteren Ende warnten, heizte die Bundesregierung den allgemeinen Aktienboom noch einmal an. Im Jahr 2000 hatte die Zahl der Einzelaktionäre in Deutschland 6,2 Millionen erreicht, zehn Jahre später waren es nicht viel mehr als die Hälfte, und die Zahl nimmt weiter ab. Die Hoffnung darauf, dass sich der Mittelstand durch seine Teilhabe am finanziellen Wachstum stabilisieren würde, ja dass diese sogar »die breiten Schichten« erreichen würde, erfüllte sich nicht nur nicht, vielmehr trug man gar einen bescheidenen Teil zur Finanzkrise bei, indem man, anders als die »echten« Kasinospieler, nach dem ersten Crash, als die Kurse im Keller waren, nicht die Gelegenheit ergriff, wieder ins Spiel zurückzukehren.

Diese große Enttäuschung, noch vor der eigentlichen Krise, musste bearbeitet werden. Econotainment hat sich dabei als perfektes Mittel erwiesen, zugleich das Empfinden zu verbreiten, Kapitalismus sei »eine Sache von allen«, und das »Kleingeld« der Anleger einzusammeln und nach oben zu transportieren. Die Dramaturgie ist sehr einfach zu beschreiben: Ursprünglich wurde versprochen, »aus der Krise Lehren zu ziehen«. Darauf folgte eine gewaltige Vernebelung und Chaotisierung, teilweise in einem bunten Unterhaltungsspiel des irgendwie entgrenzten Kapitalismus, teilweise in einer rituellen Gestik der Zerknirschung, eines vorauseilend parallelisierten »Antikapitalismus« justament in den traditionellen Medien des Marktes: Während *Bild* und Fernsehen die fröhliche und blöde Anarchie des Finanzmarktes feiern, mahnen FAZ und Wirtschaftswissenschaft Zurückhaltung und Rückkehr zum Kapitalismus mit menschlichem Antlitz an. Im dritten Akt dieses grotesken Dramas geschieht etwas, was ohne den zweiten nie möglich und schon gar nicht »vermittelbar« gewesen wäre, nämlich die Einschreibung ebenjener Maßnahmen in die offizielle Politik (der europäischen Regierungen, und nicht nur ihrer), die eigentlich erst zur Krise geführt haben. Aus der gegenseitigen Abhängigkeit und gegenseitigen Ruinierung von Banken und Staaten folgt so, dass man die wechselseitigen »Stützungen« gleichsam als institutionalisierte Krise einsetzt. Nun macht der Staat eben das, was vorher die Bank tat, und das Versprechen der Rettung bringt die Banken vollends um ein Instrumentarium von Kontrolle. Man ist nun nicht nur »too big to fail«, sondern schlicht »too big to be controlled«. Das Groteske an diesem Drama ist das politische Ergebnis: In der medial entsprechend vorbereiteten Bevölkerung wird die Institutionalisierung des Krisenmanagements in Form der Privatisierung der Gewinne und der Verstaatlichung der Verluste als Erfolg, ja als »beherztes Eingreifen« empfunden. Denn während die Vertreter der offenen Korrumpokratien wie Berlusconi abtreten und einer demokratisch nicht legitimierten Regierung der Ökonomieexperten und Bankfachleute Platz machen, die eher exekutiert als regiert, verschwinden ja nicht die Instrumente des Geheim- und Oligarchie-Kapitalismus wie etwa die Derivate, die mittlerweile längst auch über die Entwicklung von Nahrungsmittelpreisen entscheiden, das heißt über Leben und Sterben ganzer Regionen und Bevölkerungsschichten. (Was Derivate sind, erklärt unsere Börsensendung im Fernsehen ganz sicher nicht, und schon gar nicht, warum Warren Buffett sie einmal als »Massenvernichtungswaffen« bezeichnet hat. Der Vollständigkeit halber hier die nüchterne Beschreibung aus dem FAZ-Börsenlexikon: »Finanzinstrumente, deren Preise sich nach den Kursschwankungen oder den Preiserwartungen anderer Investments richten. Derivate sind so konstruiert, dass sie die Schwankungen der Preise dieser Anlageobjekte überproportional nachvollziehen. Daher lassen sie sich sowohl zur Absicherung gegen Wertverluste als auch zur Spekulation auf Kursgewinne des Basiswerts verwenden. Zu den wichtigsten Derivaten zählen Zertifikate, Optionen, Futures und Swaps.«)

Im Medienkapitalismus ist der ursprüngliche Marktplatz des Finanzhandels, von dem unsere Börsensendungen so lebendig und anschaulich zu berichten vorgeben, in Wahrheit längst eine Fiktion. Am 5. Oktober 2011 erreichte eine Bombendrohung die Frankfurter Börse, so dass sie um 17 Uhr vollständig geräumt wurde. Die meisten Mitarbeiter gingen von einem Feueralarm oder gar einer Simulation zu Übungszwecken aus und verhielten sich entsprechend entspannt, zumindest bis sie die wirkliche Ursache der Evakuierung erfuhren. Nach der Entwarnung kehrten sie zu ihren Arbeitsplätzen zurück; die mehr oder weniger staunende Öffentlichkeit erfuhr dabei, dass diese Unterbrechung nicht die geringste

Auswirkung auf den Börsenbetrieb gehabt hatte, da die Geschäfte über das Computersystem Xetra weiterliefen und die Börse selbst »vor allem repräsentativen Zwecken« dient. Dieses Kasino ist also nichts anderes als eine Art Jahrmarktsattraktion, eine Kulisse für den Medienkapitalismus, in der vollkommen realitätswidrig dargestellt wird, die Finanzgeschäfte vollzögen sich noch in menschlichem Maß und in menschlicher Geschwindigkeit. So stellt die Börsensendung im deutschen Fernsehen letztendlich einen Kapitalismus dar, den es überhaupt nicht mehr gibt.

Die Präsenz »des Volkes« in der Ökonomie, die im Econotainment als Aneignung vollzogen wird, erweist sich, sogar wenn sie, wie im Fall der angekündigten Volksbefragung in Griechenland, ohne allzu großen Sachverstand als politisches Ablenkungsmanöver durchschaubar ist, als giftige Rückkoppelung im Finanzkapitalismus. Wie dieser Medienkapitalismus auf sich selbst hereinzufallen schien, wurde in den Börsenentwicklungen am Tag nach der Ankündigung des griechischen Ministerpräsidenten, sein Volk über die Sparmaßnahmen mitbestimmen zu lassen, im frühen November 2011 exemplifiziert. Sofort sackte der Dax um fünf Prozent ab, als die Nachricht am Dienstag die Runde machte; nachdem am Donnerstag die Volksbefragung abgesagt wurde, gingen die Aktienkurse im gleichen Maß wieder nach oben. Wäre diese Bewegung am Finanzmarkt nicht geschehen, man hätte sie erfinden müssen, um klarzustellen, dass Demokratie und Marktwirtschaft umso unvereinbarer werden, je mehr sich der Neoliberalismus auch politisch realisiert.

Hinter dem vergnügten Economy-Talking der Medien steckt eine schleichende Enteignung der eigenen Bevölkerung und noch mehr der Versuch, die jeweils anderen Gesellschaften zu schröpfen. Wer sein Geld sicher anlegen und sich nicht an den Spekulationen beteiligen will, muss draufzahlen: Alte und nicht gar so alte Formen, Fürsorge zu treiben, dem Prinzip der aufgeschobenen Wünsche zu frönen, führen zwangsläufig zum Verlust des Geldes an das System oder an den Staat. Die Verzinsung von Fest- und Tagesgeld zum Beispiel fällt immer weiter hinter die Inflationsrate zurück, noch schlimmer verhält es sich mit den altehrwürdigen

Sparbüchern. »Wir müssen sparen«, das ist die offizielle Doktrin der Nachkrisenpolitik, und sie äußert sich darin, dass der Staat an seinen Bürgern spart, doch ein Bürger, der glaubt, selber sparsam wirtschaften zu können und sich dafür ein Quantum Sicherheit zu erwerben, wird so bitter abgestraft wie seit der Inflation der zwanziger Jahre nicht mehr.

Mehr oder weniger unbeachtet von Politik und Medien haben die Banken nach der Krise einen Kleinkrieg gegen ihre Kunden begonnen, um sich über Kosten, Gebühren und allerlei versteckte Kontributionen zugleich das nötige Kleingeld zu verschaffen und sich die lästigen Habenichtse vom Halse zu halten. Der Ärger der Kunden äußert sich dabei nur selten lautstark genug, um besonders dreistes Kleingeldmachen der Banken zu verhindern, wie etwa beim Plan der Bank of America, ihre Kunden für den Gebrauch einer Debit Card mit einer jährlichen Gebühr von 60 Dollar zu belasten. Nach den klassischen Vorstellungen von Angebot und Nachfrage, aber auch nach Regeln von Anstand und Vertrauen wäre in der Zeit nach der Krise zu erwarten gewesen, dass die Banken gerade ihren Kleinkunden entgegenkommen würden, um vielleicht auf diese Weise verlorenes Vertrauen wiederzuerlangen. Aber das genaue Gegenteil trat ein, selbst »volkstümliche« Banken wie Sparkassen oder Raiffeisenbanken (vor langer Zeit gegründet, um der Macht der Großbanken wenigstens mittelständische bzw. rurale Gegenkräfte entgegenzusetzen) nutzten die Gelegenheit, ihre Gebühren besonders unverschämt zu erhöhen und gleichzeitig ihre Leistungen weiter einzuschränken (das dabei gewonnene Kleingeld wurde stante pede in Werbung und Econotainment gestopft). Die durchschnittliche jährliche Belastung von gewöhnlichen Bankkunden in den USA wuchs von 119 Dollar im Jahr 1992 auf 327 Dollar im Jahr 2009 und konnte trotz neuer staatlicher Bestimmungen bis zum Jahr 2011 gerade einmal auf 268 Dollar gesenkt werden.

Doch trotz der oft schmerzlichen Gebührenerhöhungen und der Einsparung vieler Leistungen ist eine Kundenbank im Finanzkapitalismus kein gutes Geschäft. »Gewöhnliche« Kunden sind gar ein Verlustgeschäft. Je größer die Bank, desto drastischer der

Zugriff auf das Kleingeld der Kunden, oder, um es mit den Worten des amerikanischen Finanzberaters Michael Moebs zu sagen: »Too big to fail equals big fees.« Anders herum heißt das, dass noch die kleinen, lästigen Kunden daran beteiligt sind, die Banken unregulierbar und unkontrollierbar zu machen. Die Zwangskapitalismus-Seite des Econotainment sieht vor, dass das »too big to fail« auch von der „breiten Bevölkerung« getragen wird, ohne dass postdemokratische Regierungen ihre Bürger dagegen zu schützen gedächten.

So hat der Medienkapitalismus nach der Krise etwas geschafft, was man noch in der allersarkastischsten Fantasie nicht für möglich halten konnte: Musste man früher Eintritt zahlen, um ins Kasino zu kommen, so muss man nun dafür zahlen, nicht hineinzugehen. Der Medienkapitalismus ist zugleich ein Zwangskapitalismus, der wiederum nicht anders funktionieren kann als durch die Mitarbeit eines sich entdemokratisierenden, ökonomisierenden Staates. Dieser muss nun wiederum seine besten »Diener« besser alimentieren, gerade weil er seine Rolle als Arbeitgeber reduziert. Während die Parteien immer unverhohlener Klientelpolitik betreiben, muss der Staat seine Beamten zumindest sozial ruhigstellen, was 2011 unter anderem durch eine von den Parteien der Regierungskoalition einhellig beschlossene Erhöhung des Weihnachtsgeldes für Bundesbeamte, Richter und Soldaten vollzogen wurde; selbst abwägende Beobachter konnten nicht umhin, diesen Akt von Großzügigkeit mitten in der Schuldenkrisen-Bewältigung als symbolisches Wahlgeschenk zu begreifen. »Mit diesem Signal würdigen wir die Leistungen unserer Beamten, Soldaten und Richter, die mit ihrem täglichen Dienst für unsere Sicherheit und für ein funktionierendes Staatswesen sorgen«, begründete der Bundesinnenminister Hans-Peter Friedrich diesen Akt, der im Übrigen nicht die Beamten der Länder betraf (also auch nicht die Mehrheit der Polizisten).

So hat der Medienkapitalismus ein zweites Gesicht, die Tragödie hinter der Farce. Selbst im Wirtschaftsteil einer bürgerlichen Zeitung wird das Geschehen melancholisch kommentiert: »Es ist leider wahr: Die Banken sind noch immer zu mächtig, um die große Rechnung zu bezahlen. Und die meisten Bürger sind schlicht zu ohnmächtig, um sich vor der Begleichung zu drücken.«[26] So bleibt nichts anderes übrig, als das Spiel mitzuspielen, mithilfe der Medien eben, und so endet Simone Boehringers SZ-Artikel »Die Ohnmacht der Bürger« denn auch mehr oder weniger tröstlich: »Über eine geschickte Verteilung Ihrer Ersparnisse können Sie allerdings die Verlustrisiken minimieren.« Auf der gleichen Seite gibt es dann wieder die bekannten Anlage- und Spartipps. Der Kreis schließt sich. Bürgerinnen und Bürger haben nicht mehr groß die Wahl. Entweder sie werfen ihr Geld, wie die Zahlen aus dem Einzelhandel im Vorweihnachtsgeschäft 2011 oder die Urlaubsbuchungen zeigen, lieber gleich aus dem Fenster (in Form des hysterischen Hedonismus, den die Werbung vorschreibt: im verzweifelten Versuch, sich Emotion in der Ware zu erwerben) als zuzusehen, wie es schleichend aufgefressen wird von den Banken und dem Staat, die sich einmal gegenseitig kontrollieren sollten. (Ausgegebenes Geld ist gut für die Realwirtschaft, die das überraschend fließende Geld natürlich sofort wieder in der Finanzwirtschaft »in Sicherheit« bringen muss.) Oder sie lassen sich in der Mühle des Econotainment von einer Anlage zur nächsten Spekulation treiben, stets im Bereich der »Peanuts«, die kein Eingreifen der Politik möglich macht. Das ist gut für die Finanzwirtschaft, die sich vielleicht, wer weiß, sogar überlegt, ein wenig davon zurück in die »Realwirtschaft« zu pumpen. Die beiden Formen der Bürgerenteignung durch Postdemokratie und Finanzkapitalismus verderben einander nichts. Sie teilen indes noch einmal die Gesellschaft in die betrogenen »Puritaner« (die sich wärmen an den Hass-Feuern der *Bild*-Zeitung gegen »faule Griechen« und »Sozialschmarotzer«) und die betrogenen Insassen der Spaßgesellschaft, die sich unentwegt durch die richtigen Getränke, Kleider, Automobile, Technologien und Reisen eine Klassenidentität zusammenzukaufen versuchen, die ihnen die politische Ökonomie so wenig mehr verleiht wie die Kultur.

Doch gibt es für die Bürgerinnen und Bürger eine dritte Möglichkeit, auf die Nachkrisenenteignung nicht nur ihres Besitzes, ihres Einkommens, ihrer Ersparnisse und ihrer Hoffnungen, sondern ihrer ganzen Person, der Enteignung ihrer Menschlichkeit, zu reagieren: die Revolte.

Anmerkungen

1 Piotr Buras, »Bloß keine neue Geldreligion«, Interview mit Joseph Vogl, in: *Frankfurter Rundschau* (28. September 2011).
2 Vgl. dazu die Anmerkungen auf der Website {http://koffein-produkte.de/page/3} (Stand März 2012).
3 »Akrobatik statt Ausdruck: ›Flying Bach‹ landet im Burgtheater«, in: *Kleine Zeitung* (7. November 2011).
4 Zitiert in: Michael Rößlein, *Michael Walter – Gerechtigkeit als komplexe Gleichheit*, München 2011.
5 Mark Siemons, »Das ist die perfekte Welle. Popkultur aus Südkorea erobert die Herzen japanischer Hausfrauen und chinesischer Einzelkinder«, in: *Frankfurter Allgemeine Zeitung* (5. November 2011).
6 Friedhard Teuffel, »Entscheidung für Korea. Olympia fern der Wurzeln – tritt Berlin wieder an?«, in: *Der Tagesspiegel* (7. Juli 2011).
7 Mark Siemons, »Das ist die perfekte Welle«, a. a. O.
8 Richard Gutjahr, »Steve Jobs – Der Weltverbesserer«, in: *Abendzeitung* (6. Oktober 2011).
9 *Bild* (7. Oktober 2011).
10 René Obermann, »Der Verzauberer«, in: *Handelsblatt* (7. Oktober 2011).
11 Alan Deutschman, *Das unglaubliche Comeback des Steve Jobs. Wie er Apple zum zweiten Mal erfand*, Frankfurt am Main 2001.
12 »Steve Jobs: Weltweite Würdigung seines Werks«, in: *Augsburger Allgemeine* (6. Oktober 2011).
13 Matthias Rüb, »Kein Apfel ohne Baum«, in: *Frankfurter Allgemeine Zeitung* (7. Oktober 2011).
14 Jay Elliot/William L. Simon, *Steve Jobs – iLeadership: Mit Charisma und Coolness an die Spitze*, München 2011.
15 »Das Vermächtnis – Was Unternehmen von Steve Jobs lernen können«, in: *Wirtschaftswoche* (41/2011).
16 Axel Postinett, »Der Mythos lebt«, in: *Handelsblatt* (29. Dezember 2011).
17 »China trauert mit Stimmen zum Tod von Steve Jobs«, in: *Frankfurter Allgemeine Zeitung* (8. Oktober 2011).
18 Wolfgang Reuter, »Der Tod eines Unsterblichen«, in: *Handelsblatt* (7. Oktober 2011).
19 Karl-Heinz Büschemann, »Apples riskantes Geschäftsmodell. Göttlich – und gefährlich«, in: *Süddeutsche Zeitung* (7. Oktober 2011).
20 Matthias Schiermeyer, »Enthemmung auf allen Ebenen. Die europäischen Staatenlenker lassen aus Angst um den Euro alle diplomatische Zurückhaltung gegenüber Griechenland fallen«, in: *Stuttgarter Zeitung* (5. November 2011).
21 Martin Lichtl, *Ecotainment. Der neue Weg im Umweltmarketing*, München 1999.
22 Anzeigentext in der Zeitschrift *Super-Illu* (Nr. 24, 4. Juni 2009).
23 Herbert Marshall McLuhan, *Die magischen Kanäle. Understanding Media*, Basel/Dresden 1995.

24 Wolfgang Hetzer, zitiert nach Meinrad Heck, Tatort Markt, in: *Kontext* (2. März 2012).
25 Freddie Röckenhaus, »Auswärts nur noch allein«, in: *Süddeutsche Zeitung* (27. Oktober 2011).
26 Simone Boehringer, »Die Ohnmacht der Bürger. Gegen die Macht der Banken setzt sich kaum einer zur Wehr«, in: *Süddeutsche Zeitung* (12. Oktober 2011).

OCCUPY!
Die ersten Wochen in New York

Eine Dokumentation
Herausgegeben von
Carla Blumenkranz, Keith Gessen,
Christopher Glazek u. a.
94 Seiten
€ 5,99 [D]/ € 6,20 [A]
ISBN 978-3-518-06221-0
Auch als eBook erhältlich

Nach Tunis, Kairo, Madrid, Tottenham und Athen hat die globale Welle der Empörung nun auch das Auge des Sturms erreicht, die Wall Street in New York. Die Aktivisten, die am 17. September 2011 den Zuccotti Park im Financial District besetzten, kämpfen unter dem Motto »We are the 99 percent« für soziale Gerechtigkeit, die strikte Trennung von Wirtschaft und Politik und entwerfen Modelle für eine humanere Gesellschaft im 21. Jahrhundert. Unmittelbar nach dem Beginn der Proteste haben sich junge Publizisten und Aktivisten zusammengetan, um die Entwicklungen vor Ort zu dokumentieren. Neben atmosphärisch dichten Reportagen enthält dieser Band Essays über die Hintergründe und Aussichten der Bewegung, darunter Texte von Judith Butler, Joseph E. Stiglitz und Slavoj Žižek.

edition suhrkamp digital

Heiner Flassbeck

Zehn Mythen der Krise

59 Seiten
€ 4,99 [D]/ € 5,20 [A]
ISBN 978-3-518-06220-3
Auch als eBook erhältlich

Die Turbulenzen um Banken, Staatsschulden und den Euro verwirren Politiker, Journalisten und Bürger – es hat den Anschein, als sei Hysterie ein Rohstoff der Kasinoökonomie. Dabei sind viele Mythen in Umlauf: Wird Deutschland zum Zahlmeister Europas? Leben wir wirklich über unsere Verhältnisse? Oder hat die Krise ganz andere, komplexere Ursachen? Heiner Flassbeck wirft einen anderen und provokanten Blick auf das ökonomische Desaster, das Europa derzeit in Atem hält.

Heiner Flassbeck, geboren 1950, ist Chefvolkswirt der Welthandels- und Entwicklungskonferenz der Vereinten Nationen. Er setzt sich seit Jahrzehnten für eine effektivere Regulierung der Finanzmärkte ein.

edition suhrkamp digital